古代日本的
战争与阴谋

从源平争霸
到关原合战

［日］吴座勇一 著

姬晓鹏 译

广东旅游出版社
GUANGDONG TRAVEL & TOURISM PRESS

中国·广州

目 录

前　言 1

第一章　诞生于贵族阴谋与军事力量的中世　5

第二章　以阴谋为中心重读《平家物语》　37

第三章　阴谋不断的镰仓幕府史　69

第四章　足利尊氏是阴谋家吗　103

第五章　日野富子是恶女吗　135

第六章　本能寺之变有黑幕吗　159

第七章　德川家康陷害了石田三成吗　207

终　章　阴谋论为什么受欢迎　241

参考文献　259

后　记　267

出版后记　271

前　言

　　我们都喜欢阴谋。或者更准确地说，我们喜欢想象阴谋正飘荡在某个时空，喜欢琢磨阴谋的究竟。肯尼迪暗杀就是个好例子，故人逝去已经半个世纪，而人们对此事仍津津乐道。我们在书店里能找到各种各样有关阴谋的杂志和书籍。将阴谋的来龙去脉剖析得异彩纷呈的书，更是被誉为"如同优秀的推理小说一般"。

　　日本中世史上首屈一指的阴谋要算"本能寺之变"了吧。探究其真相的书不胜枚举。从已出版的书的数量来看，本能寺之变堪称日本中世史最大的课题。

　　但对于日本中世史学界而言，本能寺之变不过是一种社会流行而已。说起日本中世史专业的大学教授出版的以本能寺之变为题材的专著，我只能想到藤田达生的《解密本能寺之变》（讲谈社现代新书，2003 年）。虽说在书店与图书馆里，号称破解了本能寺之变谜团的书随处可见，不过这些书的作者实际上并不是日本史学界的研究人员，他们要么是历史小说家，要么是民间历史研究者。

　　这里需要澄清一下，我并不是说"只有学院派的著作可靠，而其余不值一提"，高水平的民间历史研究者确实不少。我想强调的是，学院派从未将本能寺之变等阴谋当作研究重点。

　　说得极端一点，大部分学院派都将研究阴谋视为低级研究。因为大家都觉得只有门外汉才整天对阴谋念念不忘，专业人士应将精力用在更为高尚的课题上。日本史专业的学生准备毕业论文时，若想写"织田信长的乐市政策"，是不会有什么问题的；而若想写"本能寺之变的幕后黑手"，则基本上只有挨指导老师骂的份了。如果要找一个例子证明学院派与民间的兴趣差异之大，怕是再也没有比阴谋更显著的了。

　　这也不是全无道理。本能寺之变的历史意义在于丰臣秀吉借着织田信长意外过世与讨伐明智光秀的机会崛起。也就是说，事件的结果是最重要的，而明智光秀的动机则意义不大。即使某人的黑手操纵了明智光秀，对后世来说，这只黑手是谁压根无关紧要。讨论明智光秀是单独起事抑或与人同谋，作为解谜游戏来说或许很有趣，但是在学术上没有太大意义。前文提及的藤田达生的《解密本能寺之变》，同样将着眼点放在应该如何看待织田信长的权力，而非单纯出于对此事件的好奇心。

　　可是既然日本史上的阴谋引起了众人的兴趣，那么学界直截了当将其作为研究对象似乎也未尝不可。如前文所述，民间确实有高水平的历史研究者，但所谓劣币驱逐良币，事实上那些自称"历史研究者"的人，大部分不过是在胡言乱语些自己的想象。如果读者读了这些滥竽充数之作就误以为窥探到了历史真相的话，那就可谓遗患无穷了。

　　同时，我也知道，有这么一种意见认为找出"阴谋"的"真正犯人"不过是一种游戏，不值得小题大做。此话也有些道理。本能寺之变的黑手到底是丰臣秀吉还是德川家康，对活在当代的我们来说确实不是一个大问题。

但正像开头所述，我们的生活被各种各样的阴谋论包围着。例如，关于东日本大地震曾流传着这样的传言：这次地震是由美国的地震武器引起的。相信这个蹩脚的阴谋论的人自然不多，可更为巧妙的阴谋论也不少，而且常常有人上当受骗。即使只为了不上当，也有必要培养可以分辨阴谋与否的逻辑思维能力。

因此，本书在参考既有研究成果的同时，使用历史学的研究方法，客观、实证地分析了日本中世史上的种种阴谋或谋略。此外，本书选取的阴谋或谋略还包含了一些并非家喻户晓的事例。我的用意在于，将尽可能多的阴谋摊开在桌上，希冀从中找出规律。要想弄清本能寺之变，只关注其本身是不够的，还需要与历史上的其他阴谋做比较。

就先写这么多，接下来让我带领各位一探充满了阴谋旋涡的中世日本吧。

第一章

诞生于贵族阴谋与军事力量的中世

第一节 保元之乱

保元之乱的政治背景

保元之乱与平治之乱作为象征着武士时代到来的战乱而名声大噪，在教科书中占据相当篇幅。凭着在这两次战乱中的胜利，平清盛急速崛起，最终建立了平氏政权。但相较于真刀真枪的战场厮杀，阴谋占的分量更重。

简单来说，所谓保元之乱就是王家（天皇家）[①] 与摄关家[②] 的权力之争。一般的说法认为，无奈退位的崇德上皇[③] 与藤原赖长联手发起叛乱，最后被镇压了下去。本来王家与摄关家的权力争斗并不稀奇，保元之乱的划时代性在于使用了武力。

① 王家：最初由日本中世史研究者黑田俊雄提出的概念。与近代以后建立的以天皇为家长的统一的家族不同，中世的天皇一族内存在多个独立权门势家。黑田俊雄根据当时天皇的日记《花园天皇宸记》中"王家之耻"一语，提出用"王家"来概括中世天皇一族，以区别于近代的"天皇家"。——本书注释皆为译者所加
② 摄关家：以摄政、关白为世职的家族。摄政、关白最初为辅佐年幼天皇、代行政务的职务，由外戚藤原氏北家担任，后来固定由藤原道长的子孙担任，衍生出一条、鹰司等五摄关家。
③ 上皇：太上皇。

首先来简单看看崇德①上皇与藤原赖长最初是如何失势的吧。崇德是鸟羽天皇的长子，生于元永二年（1119）。保安四年（1123），鸟羽将天皇位让给崇德。这并非鸟羽本意，而是当时的最高权力者白河法皇②（鸟羽的祖父）的意思。

大治四年（1129），白河法皇去世，二十七岁的鸟羽上皇开始了院政③。保延五年（1139），鸟羽院④宠爱的藤原得子（后封为美福门院⑤）产下皇子（即体仁亲王），鸟羽立刻将其立为皇太子。永治元年（1141），鸟羽逼崇德让位，于是体仁亲王即位为近卫天皇。

此时的崇德已是二十三岁的成人了，但实权掌握在鸟羽上皇之手，他不过是个摆设而已。不仅如此，现在还被逼让位，他心中的愤懑可想而知。不过，当鸟羽提议让崇德收近卫为养子时，无计可施的崇德还是妥协了。至少这意味着，鸟羽承诺崇德将来可作为近卫的养父实行院政。

不承想，让位的宣命中写的却是让位给"皇弟"。能够实行院政的只限于天皇的直系长辈，也就是只有父亲或祖父才有这种权力。让位给皇弟意味着崇德根本无法实行院政。至此，崇德才算明白被鸟羽骗了，由此怨恨益深。

---

① 崇德：日本也曾仿照中国，导入谥号的制度。但随着律令制度的崩坏，自光孝天皇（830—887，在位884—887）后不再为天皇立谥号，之后的天皇大部分以退位后的居所为号（院号），下文的鸟羽、白河等均为京都地名。崇德后来被流放到赞岐，因此被称为赞岐院，崇德为后来追赠的谥号。

② 法皇：出家为僧的太上皇。

③ 院政：退位的太上皇听政，类似中国的垂帘听政。

④ 院：词义上为上皇、法皇的尊称，用法通常为"名字＋院"。这里称"鸟羽院"是为了强调体仁亲王是鸟羽退位后所生。

⑤ 院：天皇的后妃及公主的称号，用法通常为"称号＋院"。

鸟羽对自己的儿子崇德如此刻薄，据说是因为怀疑其来历不明。据镰仓初期的故事集《古事谈》记载，鸟羽的中宫①待贤门院璋子与白河院私通后有了崇德，鸟羽甚至将崇德称为"叔父儿子"（表面上是儿子，实际上是叔父），一直与其相当生分。

可是崇德一直惦记着重新掌握权力。他将长子重仁亲王过继给美福门院。这样一来，若是近卫天皇未有子嗣就去世的话，重仁便可即位。而一旦重仁登基，崇德作为他的亲生父亲就可实行院政。

久寿二年（1155），近卫天皇驾崩，年仅十七岁。由于近卫没有子嗣，继任者只能通过会议决定。本来重仁是最有力的候补，但是会议以美福门院的另一养子守仁（后为二条天皇）将来继任天皇为前提，最终决定由守仁的父亲，同时也是崇德弟弟的雅仁亲王即位。于是雅仁亲王成了后白河天皇。

一般认为影响此决定的是美福门院和信西等人，美福门院担心崇德实行院政会影响她的势力，而信西则是自幼抚养雅仁的乳父（负责养育的人）。信西，俗名藤原通宪，本家是藤原氏南家②末裔，由于父亲早逝，被过继给了高阶经敏，之后服侍鸟羽法皇。由于本家和养父家都门第不显，他早早就对在朝廷内的前途不抱希望，官拜少纳言后就出家了，法号信西。不过，他凭借才学得到鸟羽法皇赏识，由此慢慢有了些人前显贵的味道。信西大概觉得，如果拥立了后白河，自己就能在朝廷的政务中一展身手吧。

---

① 中宫：多义词，可指太皇太后、皇太后、皇后，也可指后宫中地位高的妃子。待贤门院璋子当时是鸟羽天皇的皇后。

② 南家：藤原氏分为四家，南家为其一。

就这样，崇德又一次在政治上受挫。

藤原赖长失势

　　此时，与已退位的崇德同样离开了权力中心的还有藤原赖长。没有子嗣的摄关家家主藤原忠通收比自己小二十三岁的藤原赖长为养子。不料在这之后，藤原忠通接二连三生了好几个儿子，于是就想让亲生儿子继承家业，不愿让位给藤原赖长了。

　　藤原赖长想让养女多子成为近卫天皇的皇后，藤原忠通马上针锋相对地推荐了养女呈子。久安六年（1150），鸟羽法皇为避免卷入冲突，提出折中方案，立多子为皇后，呈子为中宫。

　　藤原忠通干预藤原赖长送养女入后宫的行为，激怒了另一个大人物，此人正是藤原忠通和藤原赖长的父亲——"大殿"（隐居的摄政、关白）藤原忠实。藤原忠实断绝了与藤原忠通的父子关系，收回了已经让给藤原忠通的藤氏长者①的地位和家产，将其转给藤原赖长。对于摄关家的纷争，鸟羽法皇没有明确表态，他一方面保留了藤原忠通关白的官职，一方面任命藤原赖长为内览。

　　所谓内览，是负责事先审阅呈给天皇的奏折及天皇颁布的谕旨的职役，有摄政、关白的时候，一般会下旨②由摄关负责内览。关白是辅佐天皇的职役，内览与其并存，这种状况并非常态，从中可以看出鸟羽的苦恼。

　　实际主导政务的虽然是以博闻强记见长的内览藤原赖长，不

---

① 藤氏长者：即藤原氏长者。"氏长者"统辖一氏之族人，管理氏神氏寺，能够推举族人。
② 旨：原文为"宣旨"。天皇的命令最初以"诏书""敕书"的形式下达，平安时代后多用形式更为简单的"宣旨"。

过他的政治姿势保守，而且为人严苛，引起鸟羽院侧近的反感。藤原忠通推荐后宫人选时，把呈子过继给美福门院做养女，由此，美福门院也站在藤原忠通这边。结果藤原赖长失去了鸟羽院的信任，越来越孤立。

近卫天皇死后召开的决定继任者的会议上，有人提议排挤正为死去的妻子服丧而未能出席的藤原赖长。坊间又盛传，近卫天皇之死是因为藤原忠实、藤原赖长父子的诅咒，于是后白河天皇即位时，没有下旨任命藤原赖长为内览。至此，藤原赖长大势已去。

崇德与藤原赖长本无谋反之意

保元元年（1156）六月，鸟羽法皇病危。信西立即命令源义朝（源赖朝的父亲）、源义康（足利氏的先祖）守卫后白河天皇的临时居所高松殿（现京都市中京区姊小路通新町西入津轻町），又命令源光保、平盛兼守护鸟羽法皇住所鸟羽离宫（现京都市南区上鸟羽、伏见区下鸟羽、竹田、中岛）。

七月二日，鸟羽法皇辞世。他临终前，崇德上皇来探望，但是未被允许见面。于是，父子就这样永远失去了和解的机会。葬礼于当天举行。

七月五日，后白河天皇下令禁止都城内的武士活动，同时招来身为检非违使（负责京都治安的官员）[①]的平基盛（平清盛的次男）、平惟繁、源义康等人。当时辅佐藤原忠通的公家平信范在日

----

① 检非违使：原意为检举非法之事的天皇使者。是 9 世纪为应对治安恶化而新设的令外官，原本只负责京都的治安和民政，后推及地方。

记《兵范记》里记载道："有流言说因为鸟羽院驾崩，所以崇德上皇与藤原赖长将联手举兵叛乱，（后白河天皇的举动）大概是为了防范他们吧。"描写保元之乱来龙去脉的军记物语[①]《保元物语》也写了崇德与藤原赖长的谋议。

过去的研究一般都基于《兵范记》与《保元物语》讨论保元之乱爆发的经过。研究认为，受政治压迫的崇德上皇与藤原赖长企图通过武力夺回权力，而事先觉察此动向的后白河天皇采取了防御措施。

可是，若上述说法属实，那么崇德上皇等人的军事政变计划实在如儿戏一般。正如下一节将提到的平治之乱所示，军事政变若想成功，就必须在无人知晓之时迅速行动。后白河方面在鸟羽死前就纠集兵力开始备战，崇德在对方已经有所防备的情况下起兵，根本无法取胜。而且当时在宇治禁足的藤原赖长与在鸟羽离宫的崇德之间不大可能有什么密谈。

实际上崇德并没有仓促举兵的动机。与王室嫡系的崇德不同，崇德的弟弟后白河并未被周围人视为皇位继承人。后白河本人也心知肚明。他热衷当时流行的歌谣"今样"[②]，鸟羽法皇和公家对他的这个爱好很不以为然，在这点上可以说他与擅长和歌的崇德形成了鲜明对照。虽然美福门院和信西等人相当强硬地拥立后白河，但公家们认为缺乏教养、只是过渡天皇的后白河没有王者应有的威严，并不看好他。

近卫和鸟羽死后，中级贵族出身、身份本就不怎么高的美

---

① 军记物语：日本古典文学中有关战争的作品。
② 今样：平安时代后期流行的歌谣。

福门院很难维持以往的权威。藤原忠通虽说仗着鸟羽的支持得任关白，可是家族财产与私兵尽归弟弟藤原赖长。因失去了靠山，鸟羽的亲信也不再像从前那样有势力了。后白河、美福门院、藤原忠通等本来是朝廷的当权派，因鸟羽的驾崩一下子陷入了窘境。

正如丰臣秀吉死后，石田三成等五奉行①逐渐失势一样，失去鸟羽这个后盾的后白河等人迟早会失去权力，崇德与藤原赖长根本无须如此心急。他们只须抓住后白河失政的机会就可以东山再起。正如元木泰雄指出的那样，一旦正统皇位继承者守仁亲王出点什么意外，那么重仁亲王即位后，重仁的父亲崇德上皇就可以实行院政。

按上述思路，后白河反而比崇德更有发动政变的动机。桥本义彦认为，后白河阵营动员了武士之后，又放话崇德、藤原赖长有谋反之意，意在逼迫他们起兵。现在学界基本上按照桥本义彦的思路理解保元之乱。也就是说，策动保元之乱的不是崇德等人，而是手握国家权力的后白河一方。

研究阴谋的基本方法就是"**寻找加害者（攻击方）与被害者（防御方）的立场实际上有没有颠倒的可能性**"。这种方法虽然方便，但如果滥用，就会失去说服力，如同经常可以看到被逮捕或被起诉的人声称"我被检察官和警察陷害了""这是国家权力的阴谋"，但实际上大部分都是谎言一样。这世界上，并不是什么事情都能够归结于阴谋。

---

① 奉行：意即"奉命而行"，武家官职名称。丰臣秀吉死前设立五大老、五奉行制度辅佐年幼的继承者丰臣秀赖。五大老为最高顾问，五奉行为实际政务执行者。

信西对崇德和藤原赖长穷追不舍

保元之乱中平清盛的立场如何，还真不好说。一方面他得到鸟羽法皇重用，另一方面他的继母池禅尼又是重仁亲王的乳母，因此他并没有表现出鲜明的立场。此外，鸟羽弥留之际，平氏一族没有参与守卫鸟羽法皇的住所及宫殿。

平清盛坐拥当时最强的武力，毫不夸张地说，他这个武士的举动，绝对可以左右政变的结果。后白河阵营很早就开始敌视崇德与藤原赖长，但起初并未有大动作，一个原因大概是不想在鸟羽去世到葬礼这段时间有大的军事行动，另一个原因恐怕就是还不清楚平清盛究竟支持哪一方。

无论如何，平清盛最终还是加入了后白河阵营。七月五日，平清盛的次男平基盛加入后白河一方，此举足以表明平清盛的意思。有了绝对优势的后白河阵营开始赤裸裸地挑衅崇德和藤原赖长。第二天，七月六日，平基盛等人在东山法住寺附近逮捕了藤原赖长麾下的武士源亲治（大和源氏）。

同月八日，后白河下令诸国①的国司阻止藤原忠实、藤原赖长父子从全国的摄关家庄园②动员武士。当天，源义朝等武士强行搜查了藤原赖长平时居住的东三条殿，不仅查抄了大量证据，还封了整座宅子。藤原赖长就这样被正式认定为谋反。这一连串挑衅行为大概是后白河的心腹信西的主意。

---

① 国：基于日本的律令制设置的基本地方行政单位，飞鸟时代开始实行，明治初期废止。行政机关为国衙，行政长官为国司。律令制下国司分为守、介、掾、目四等官。下文的"播磨守"等均为国司的守官。

② 庄园：10世纪以后占主流的是"寄进地系庄园"，小农、小地主将庄园进献给中央的大贵族、大寺院（本所、领家），以获得权门势家的保护，免除租庸调等负担。庄园需要向提供保护的权门势家上缴年贡，派人承担警卫任务。

七月九日半夜，崇德上皇逃出鸟羽的田中御所（鸟羽离宫中的一间宅邸），去了白河北殿①。重仁亲王就这样被留在敌人手里，由此可见这应该不是有计划的行动。大概是看到藤原赖长被认定谋反，崇德也嗅到了危险的气味吧。于此，崇德立即开始点兵唤将。

十日晚间，从宇治赶来的藤原赖长与崇德会合。平忠正（平清盛的叔父）、源赖宪率兵前来支援藤原赖长。后来，藤原忠通的儿子慈圆在史书《愚管抄》中说崇德和藤原赖长仿若事先就已经商量好了似的，但若是如此，那藤原赖长来得就有点太晚了。正如河内祥辅指出的那样，藤原赖长事先应该不知道崇德的行动。

实际上，藤原赖长与崇德本来并没有那么亲近。甚至在后白河即位并以守仁为皇太子后，藤原赖长还曾主动提出辅佐守仁（但遭到鸟羽法皇拒绝）。更接近实情的解释是，两人遭遇后白河阵营的阴谋，政治生命岌岌可危，所以崇德与藤原赖长才迅速站到了一起。他们的行动是自卫性质的。但是，崇德与藤原赖长在白河北殿集结兵力，反而坐实了后白河阵营早就开始散布的"崇德与藤原赖长谋反"的流言。

保元之乱与其说是战场厮杀，不如说是一场阴谋

虽然平家弘等常年支持崇德的武士依旧参加了崇德的行动，但是这些武士无力挽回局势。崇德方面的主力是源为义（源义朝之父）、源赖贤（源为义四男）、源为朝（源为义八男）等人。源为义一族之所以加入崇德阵营，是因为他们长年为藤原赖长效力。

---

① 白河北殿：位于京都左京区，曾为白河法皇的居所。

不过由于此次时间紧迫，崇德一方没有招来多少兵力。《愚管抄》描写了藤原赖长对己方缺兵少将的失望。为了克服兵力不足的劣势，源为朝在军事会议上主张夜袭，但藤原赖长拒绝了此提议，采取了等待大和国（现奈良县）援兵的策略。

另一方面，早早就开始备战的后白河阵营已经成功集结了大量兵力，主力是平清盛和源义朝。崇德一方只能以摄关家的私兵为主，而后白河这边却可以利用国家权力大范围动员武士，因而占据了压倒性的优势。

后白河这边也召开了军事会议。信西、源义朝主张立刻开战，关白藤原忠通却迟疑不决。河内推测，藤原忠通看到集结的大军之后可能开始觉得，无需真刀真枪就能使崇德、藤原赖长屈服。

作为最上层的贵族，藤原忠通会抵触进攻上皇这一粗暴行为是理所当然的。实际上，大多数公家既无意前往崇德的白河北殿，也无意前往后白河的高松殿，而是采取了隔岸观火的态度。这些公家根本就没有跟后白河一起进攻崇德的念头。公家社会的这种"舆论"使藤原忠通犹豫不决。不过，藤原忠通最终还是同意了信西等人的意见，决定进攻白河北殿。

十一日鸡鸣时分（凌晨两点左右），众武士护卫后白河天皇离开高松殿，进入了从藤原赖长那里接收来的东三条殿。与此同时，攻击部队也出发了。平清盛率三百骑从二条大路，源义朝率二百骑从大炊御门大路，源义康率一百骑从近卫大路，分三路向白河北殿挺进。平清盛虽然带着最多的兵马，负责正面进攻的却是源义朝。源义朝干劲十足，想立下大功在政坛出人头地。

天明时分，进攻开始了。军记物语《保元物语》花了很大篇

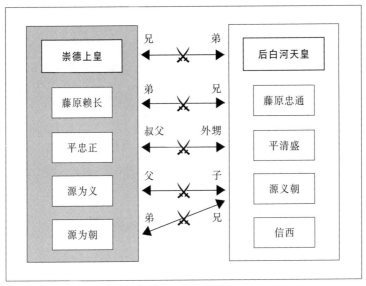

保元之乱关系图

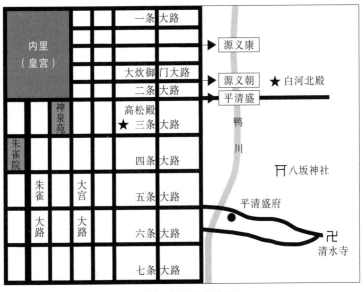

保元之乱位置关系图

幅描写崇德旗下战将源为朝的勇猛，但充其量不过是文学创作而已。后白河军放火烧了白河北殿隔壁的藤原家成宅邸，早晨八点左右，火势蔓延到白河北殿，崇德、藤原赖长只得仓皇出逃。开战之前，胜负大抵已定，从这个角度来看，与其视保元之乱为两军对阵，不如将其视作一场"阴谋"。

藤原赖长逃跑时中流矢而亡，崇德上皇被流放到赞岐。以源为义为首的加入崇德一方的武士向源义朝自首，之后一律被处死。另一方的信西，作为从头到尾主导在政治上抹杀崇德并且引导后白河阵营取得胜利之人，乱后渐渐掌握了朝廷大权。

第二节　平治之乱

平治之乱的经过

从阴谋的角度来看，平治之乱比保元之乱更加复杂。平治之乱大致可分为两个阶段：第一阶段，藤原信赖与源义朝发动军事政变；第二阶段，平清盛平息军事政变并建立政权。下面简单叙述一下经过。

平治元年（1159）十二月四日，平清盛出发去熊野参拜。藤原信赖和源义朝等抓住这个机会，在九日半夜举兵，袭击了后白河上皇的居所三条殿。后白河想外逃但未能成功，和二条天皇一起被幽禁于内里（皇宫）。源义朝等人的军队接着袭击了信西的宅邸，然而信西事先就有所察觉，已经跑掉了。但信西自觉无法逃脱源义朝等人的严密搜查，于是在田原（现京都府绥喜郡宇治田原町）

的山里自尽了（死后，尸体被挖了出来，在京都枭首示众）。

藤原信赖一党把信西一族举族流放，接着便举行了除目仪式（朝廷诸官职的任命仪式），任命源义朝为从四位下播磨守，源赖朝为从五位下右兵卫权佐。

平清盛在纪伊国田边得到事变的急报后立即折返，十七日到达了位于京都六波罗的家中。他发誓效忠信赖，从而麻痹了信赖。

接着，平清盛与二条天皇身边的藤原惟方和藤原经宗做了一番安排，这两人虽参与了政变，但是与平清盛一起，在二十五日夜间，成功将二条天皇从居所救了出来。二条天皇来到位于六波罗的平清盛宅邸，廷臣们也陆续聚集到六波罗。到了第二天，二十六日，平清盛从二条天皇处得到讨伐藤原信赖与源义朝的圣旨，以官军的身份攻击了藤原信赖和源义朝占据的大内里①。

藤原信赖、源义朝击退了平氏的攻势，朝六波罗方向追击撤退的平氏军队，但是遭到了源光保（美浓源氏②）、源赖政（摄津源氏③）等武士的背叛，他们脱离已成为反贼的藤原信赖和源义朝阵营。藤原信赖和源义朝最终在六条河原之战中败下阵来，前者被捕后遭斩首，后者逃往东国④以图再起，然而在尾张的内海（现爱知县知多郡美滨町）遭长田忠致谋杀。源义朝的长子源义平、次子源朝长也死于这场政变⑤，一族几乎全灭，唯有三男源赖朝保

---

① 大内里：内里的中心，设有朝堂、官厅等。
② 美浓源氏：以美浓国为根据地的摄津源氏的一支。
③ 摄津源氏：以摄津国川边郡多田（现兵库县川西市多田）为根据地的清和源氏的嫡流。
④ 东国：大致可理解为现在日本被称为关东的地区。
⑤ 战败后源义朝与三个儿子一起逃往东国。逃亡途中，十二月二十八日，次子朝男死于美浓青墓（现岐阜县大垣市北西部）。之后父子分开逃亡。源义朝逃到尾张的内海长田忠致所在庄园时，拜托长田保护他前往东国，但是永历元年（1160）正月三日被长田杀害。长子义平在美浓听到父亲死讯后返回京都，结果被捕，在六条河原被斩首。

住性命，被流放到伊豆国。

经过保元之乱和平治之乱，数不清的武士家就此没落乃至灭亡，但有一人却作为胜利者脱颖而出，他就是平清盛。可以说这两次战乱奠定了之后平氏政权的基础。

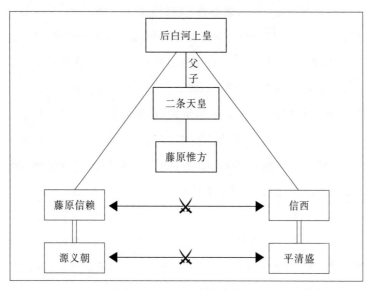

平治之乱关系图

平清盛参拜熊野并无花招

平清盛故意离开京都，留下一座空城，引诱藤原信赖、源义朝举兵，这是我们不时在某些小说中看到的阴谋论。现在的学术界完全不会理会这种观点，但本书的主题是对阴谋的研究，所以我还是想批评一下这个观点。

这里有一个大前提，不管是关于平治之乱的军记物语《平治物语》还是史书《愚管抄》，都描写了平清盛在熊野参拜途中听闻政变后惊慌失措的样子。考虑到他当时只带了很少的人，显得慌张也在情理当中。所幸他得到纪伊①武士的帮助，顺利回到京都，他可能还鼓动了这些人与他一起战斗。

有一种说法认为，德川家康为了让石田三成举兵而故意发动了会津之战（见后文）。我个人觉得这个说法不可信，但至少德川家康当时率领大军，即使石田三成真的举兵，他也有足够的兵力与之对抗。相反，平清盛毫无准备，用计谋诱人造反过于危险。

究竟是什么原因使人们能够煞有介事地说着这些不合理的事情呢？那是因为发动平治之乱后得益的只有平清盛。朝廷最有权势的信西和唯一有能力对抗平清盛的武士源义朝都死于平治之乱。而帮助平清盛取得胜利的藤原惟方和藤原经宗，也在平治之乱次年被平清盛以对后白河上皇不敬的罪名逮捕，之后被处以流刑②。至此，在通往权力顶峰的道路上，再也没有什么能阻挡平清盛的了。

尽管如此，"既然平治之乱成就了平清盛，那么平治之乱就是他策划的"，如此这般的思路其实只不过是一个**从结果倒推出来的阴谋论**。正因为后世的我们已经知道平氏政权的存在，所以往往容易觉得平清盛很早就有了执掌天下的野心。罗列细节会偏离本书主题，这里只简单介绍结论：平氏政权是由几次好运（二条天皇急逝、建春门院滋子生下后白河的皇子等）造就的，也就是说是偶然的产物，很难想象在平治之乱这个阶段，他已经有了夺权的打算。

---

① 纪伊：日本的令制国之一，大致相当于现在的和歌山县全境及三重县的一部分。
② 藤原惟方和藤原经宗因为策划天皇亲政得罪了后白河上皇，因此后白河上皇找借口让平清盛逮捕了二人。

　　平清盛把女儿嫁给信西的嫡子藤原成宪，他和信西的关系很好。藤原信赖与源义朝之所以趁平清盛离开京都的机会采取行动，正是因为担心他会阻止他们杀害信西。而且，平清盛本来就是信西政权里的当权派，诱发一次连他自己都不知道能不能顺利平息的政变，牺牲信西让自己陷入政治危机，这些做法可谓有百害而无一利。

　　若只看结果，平清盛在平治之乱中的表现确实相当出色，因此不难理解为什么会出现"他事先就知道政变""是他诱使了政变"这样牵强附会的说法。但是若再看得仔细些，我们会发现他其实步履维艰，一步踏错即万劫不复。实行阴谋的人没能成为最终的胜利者，即使成就了他人，这个他人也不一定就是阴谋的"幕后黑手"。别出心裁者认为由于本能寺之变后的"中国大折返"①干净利落，所以丰臣秀吉就是本能寺之变的幕后黑手（见后文）。我想在这里指出，**认为最终的胜利者在开头就预测到结果，并且一切都在其掌握之中，这种思维方式正是阴谋论的特征**。

源义朝的怨恨

　　那么，反逆者的动机如何呢？我们首先来看看政变中指挥军事行动的源义朝的动机。

　　军记物语《保元物语》《平治物语》以及《愚管抄》，都将其

---

① 中国大折返：天正十年（1582）六月二日发生本能寺之变，明智光秀叛变谋杀了织田信长。当时仍是织田信长家臣的丰臣秀吉在前线和毛利氏对峙，在得到本能寺之变的消息后，立即与毛利氏讲和，率领大军用十天时间从备中高松城（现冈山县冈山市北区）赶到山城国山崎（现京都府大山崎町），行军约二百公里，史称"中国大折返"。此处的"中国"，指的是日本一个叫作中国的地方。

归结为怨恨。虽然源义朝在保元之乱中立下了最大的军功，但信西在主持论功行赏时给予了平清盛一族莫大的奖赏（平清盛为播磨守，其弟为安艺守，赖盛为常陆介[①]），而源义朝（官阶仍为从五位下）却没得到什么值得一提的好处。而且信西不顾源义朝留父亲源为义一命的请求，逼迫源义朝亲自执行了父亲的死刑。

源义朝曾考虑和信西搞好关系，想将女儿嫁给信西之子藤原是宪，但是信西拒绝道："我儿子是读书人，不能成为武士的女婿。"可接着，信西让嫡子藤原成宪娶了平清盛的女儿，这事让源义朝感到屈辱，乃至憎恨。

对此"怨恨说"，元木泰雄提出了反对意见。他的批评涵盖了好几个面向，我们先来看看他对封赏的解释。

元木泰雄注意到了乱前平清盛与源义朝地位上的差别。平清盛之父忠盛为鸟羽法皇实行院政时的宠臣，平清盛子承父业也顺风顺水，乱前已晋升为正四位下安艺守。相反，源义朝的父亲源为义在鸟羽实行院政期间暗淡无光，因此源义朝也是到了鸟羽院政晚期才好不容易升到了从五位下下野守。既然乱前两人的地位已经拉开了很大距离，那么封赏时有高下之别便不足为奇，因此信西"偏心平清盛为首的平氏一门，冷遇乃至打压牺牲了一族的源义朝"的说法有失偏颇。

元木泰雄进一步主张，源义朝因保元之乱的战功被委以左马头[②]的重任，而且得到了河内源氏[③]未曾有过的内升殿（进入宫中

---

① 常陆介：上总、常陆、上野三国为亲王任国，名义上的最高长官"守"由亲王担任。但亲王身份高贵，不会亲自赴任，实际政务执行者为四等官中的次官"介"。
② 左马头：左马寮实际上的最高官职，官阶相当于从五位下。
③ 河内源氏：以河内国（现大阪府一部分）为根据地的清和源氏的一支。

清凉殿的殿上之间①）殊荣，这些对源义朝来说，都是"破格的恩赏"，因此"不应认为源义朝对平清盛抱有怨恨之心"。他据此否定了怨恨说。

考虑到乱前平清盛与源义朝的地位差别，元木泰雄提出的封赏有差并无不妥的主张似乎有一番道理，信西看起来并非有意在此事上怠慢源义朝。但是，上述思路说到底都是从赏赐方的立场出发的。赏赐方觉得"公平"，并不意味着接受方也有同感。实际上当初提出要封给源义朝的官职是右马权头②，源义朝表示不服，才变更为左马头。那源义朝是否满足于左马头呢，这个问题除了他本人，谁也不知道。

接着来看提亲这件事。元木泰雄推测"考虑到平清盛与源义朝之间官职相差悬殊，即使信西拒绝源义朝而接受平清盛，源义朝应该也没什么好遗憾的"。

但古泽直人指出，源义朝给女儿说的女婿是藤原是宪，他当时任从五位下少纳言信浓守，在信西的儿子中官阶较低。与之相对，平清盛的女婿藤原成宪是信西的嫡子，又身居正四位下左中将播磨守要职（平清盛由播磨守升为大宰大贰，藤原成宪继任播磨守）。若女婿是同一人而败给平清盛的话，那么也许会因"门第不相当，没办法"而作罢，可实情并非如此。这么明显地被人小瞧，源义朝自然会觉得伤了自尊。

---

① 清凉殿是天皇执行政务、举行任官仪式的场所。殿上之间位于清凉殿南厢，是公卿等值班的地方。原则上官阶三位以上及参议（四位）等议政官能进入殿上之间，而四位以下的官员需要天皇的敕许才能进入，内升殿被视为一种特殊优待。
② 权官：定员以外的官职。

源义朝的野心

除了军记物语，提及源义朝动机的史料只有《愚管抄》，因此通史类书籍基本都依据《愚管抄》将动机归结为怨恨。

但元木泰雄则从根本上反对将《愚管抄》作为依据。他的理由是，治承·寿永内乱（也就是源平合战）后成书的《愚管抄》已受到"源平对等史观"的影响。

众所周知，治承·寿永内乱中，源氏同平氏争夺天下霸权，最终平氏被灭，源赖朝建立镰仓幕府。《愚管抄》作者慈圆将治承·寿永内乱时源氏和平氏之争的形象追溯到了平治之乱，在描述平清盛与源义朝时，仿佛二人作为武士是旗鼓相当的对手。但实际上，源义朝认为平清盛已经遥遥领先，不可能视源义朝为自己的对手。所以，《愚管抄》中源义朝因信西偏向平清盛而心生怨恨的叙述是不可信的。以上是元木泰雄的见解。

这种说法也不是不能理解，但直到现在还没有能够推翻《愚管抄》的史料，所以元木泰雄的论证最后只能立足于"平清盛和源义朝地位悬殊"这点而已。但问题在于，源义朝是否觉得这样的地位是不可改变的。

源义朝的祖先为源义家[1]，曾在前九年之役[2]和后三年之役[3]中打响了名号。但后三年之役后，河内源氏一族经过多次骨肉之争，家势衰败。源义家最终晋升到正四位下，而源义朝的父亲源为义

[1] 源义家：源赖义的长男，与父亲一同参加前九年之役，之后又参与了后三年之役。
[2] 前九年之役：永承六年（1051）至康平五年（1062），在陆奥，源赖义奉命平定豪族的反乱，此为前九年之役，与后三年之役一起，奠定源氏一族的势力。
[3] 后三年之役：永保三年（1083）至宽治元年（1087），在奥羽的战役。源义家介入并取得胜利。

至死也只到从五位下。另一方面，伊势平氏[1]趁势而起，特别是正衡[2]一脉。平清盛祖父正盛得到白河法皇信任，父亲忠盛得到鸟羽法皇信任，得以急速晋升，平清盛一门已有相当于公卿（上级贵族）的家格[3]。至此，源氏和平氏的地位已完全颠倒了过来。

但是，落于下风的河内源氏未必会轻易放弃与伊势平氏的斗争。实际上，源氏怀有追上并超过平氏的念头才显得自然。按理说，用普通的方法来追赶平清盛是有几分难度的，但恰好爆发了保元之乱这样前所未有的大乱。古泽直人认为，如果能够奉朝廷之命在平乱中立下大功，越阶（跳过上一级位阶，连升两级）并非不可能。

平清盛的祖父平正盛，在京都击退强盗就升任正五位上，讨伐了在藤津庄闹事的弱小武士平直澄就被提拔到了从四位下。在天皇与上皇相争的保元之乱中英勇地挺进敌营，对后白河的胜利起到决定性作用的源义朝，期望得到破格提拔，从而拉近与平清盛之间的差距，看起来也在情理当中。

如前文所述，打倒信西后建立的政变政权任命源义朝为从四位下播磨守（剥夺了信西嫡男藤原成宪的官职，由源义朝接任），源赖朝为从五位下右兵卫权佐。元木泰雄认为平清盛已经担任比播磨守官阶更高的大宰大贰一职，所以源义朝就任播磨守没有与平清盛对抗的意思，但是不可否认的是，这时源义朝的确一口气缩小了两人之间的差距。而且，元木泰雄自己也承认，年仅十三

---

① 伊势平氏：以伊势（现三重县）为根据地的桓武平氏一族。
② 正衡：平正盛。此一脉平氏为：国香→贞盛→维衡→正度→正衡→正盛→忠盛→清盛。
③ 家格：贵族的门第。家格决定了官阶晋升的上限。

岁的源赖朝就任右兵卫权佐一事确是厚遇。这样的话，即使源义朝这一代追不上平清盛一门，那么等到儿子源赖朝一代也是很有可能的。

基于上述讨论可以看出，姑且不论源义朝是否怨恨信西，出于想成为与平清盛比肩的武家栋梁①的野心就足以促使他参与军事政变。

元木泰雄否定了源义朝怨恨说和野心说，提出源义朝只是从属于藤原信赖，奉后者之命参加军事政变的新说法。可他提出的论据只有两点：其一，武藏国②是源义朝的军事据点，当时的国守（武藏守）是藤原信赖的弟弟；其二，与源义朝有商业往来，向其提供马匹、兵器的陆奥国③的支配者藤原秀衡（奥州藤原氏④的家主）的舅舅是藤原信赖之兄。源义朝与藤原信赖可能很早就开始合作，但是无论如何，源义朝还没到唯命是从，藤原信赖要他参加谋反他就无法拒绝的程度。

元木泰雄可能将藤原赖长、源为义的主从关系类推到了藤原信赖、源义朝身上。但作为摄关家家主的藤原赖长与仅为正三位权中纳言的藤原信赖不可同日而语，而权势日衰的源为义与紧随平清盛其后，正脚踏实地增强实力的源义朝的立场也不尽相同。

元木泰雄注意到源义朝与父亲源为义不同，源为义在保元之乱战败后俯首投降，而同样一败涂地的源义朝则逃往东国以图再

---

① 武家栋梁：作为武士统领者的军事贵族。
② 武藏国：相当于现埼玉县、东京都、神奈川县的大部。
③ 陆奥国：相当于现福岛县、青森县、宫城县、岩手县。位于日本的东北部。
④ 奥州藤原氏：藤原北家的一支。前九年之役、后三年之役后的宽治元年（1087）到文治五年（1189）之间，以平泉（现岩手县西南）为中心的割据势力。

起。元木在书中认为"（源义朝）即使成了反贼，也不投降或者自尽，而是战斗到底。取得胜利就能逆转立场，他的这种想法的出发点在于王权非绝对的意识……镰仓幕府就是由这些认为王权非绝对的东国武士一手创建的"。既把源义朝评价为脱离王权自立的武家栋梁，又主张源义朝不过是藤原信赖的爪牙，这样的说法岂不是自相矛盾？

全神贯注埋头于阴谋研究的话，往往容易出现过分解读的情况。重要的是在不断进行推测之前，回归原点，忠实地解读史料。

藤原信赖有才能的说法并无道理

接下来谈谈作为主谋的藤原信赖的动机。关于这个人，《平治物语》同样从怨恨说的角度加以描述。书中提到，他没什么能耐，只是因为得到后白河上皇的宠爱而连连升官。但他贪得无厌，不知自身的斤两，竟希望得到大臣[①]或者近卫大将[②]之位，被信西阻止后对信西生了怨恨之心。

对此，元木泰雄认为藤原信赖无能说不能成立，因为他曾任藏人头[③]、参议[④]，这些官职都需要拥有实际处理政务的能力。因为信赖失败了，就将其摆在才能卓著的信西的对立面，把他贬斥为无能且贪得无厌的人，这样的评价是不恰当的。

---

① 大臣：这里是指律令制中太政官的长官太政大臣、左大臣、右大臣，相当于从二位到正一位的官阶，是贵族所能达到的最高的地位。
② 近卫大将：负责宫廷警卫的左右近卫府的长官。相当于从三位的官阶，是当时官阶最高的常设武官职。
③ 藏人头：天皇的家政机关藏人所的实际长官，没有官阶，相当于天皇的首席秘书。
④ 参议：最高政务机关太政官的官职之一，没有官阶。从拥有四位以上位阶的廷臣中选出有才能的人，和大臣（太政官的长官）一起参议政事。和藏人头一样都是没有官阶，需要实际政务能力的官职。

但是，当时比藤原信赖出身更为高贵的清华家①的人，一般都是到了三十来岁才由藏人头升到参议。藤原信赖年仅二十六岁就任参议，若非不世出的天才，就是后白河硬塞进去的。按一般的思路，大概会认为是后者吧。

另外，正像古泽直人所质疑的，藤原信赖在任时间很短，任藏人头不足四个月，任参议约半年（后升任权中纳言），很难看出他的实务能力如何。应该如何看待他的青云直上呢？那就是无论他多么得后白河的宠，但是官职的阶梯仍然需要一级一级地上，他的快速攀升只是在走程序。藏人头也好，参议也好，都是升官的必由之路，虽不能因此断定其无能，但也不能因此证明他的才能。

元木泰雄之所以强调"藤原信赖有才能"，是为了和"源义朝从属于藤原信赖"的主张一起，得出"公家集合有实力的武士，从而发展为新的武家势力"的推论。这种思路的背景应该是出于对"武士发展史观"的强烈不满。所谓"武士发展史观"，指的是将日本中世史等同于武士发展史（一体两面，也就是公家衰落史）的史观。元木泰雄主张镰仓开府、武士当政不是历史的必然，还存在公家立于武士之上这样的选项。

虽不如以前，当今的日本史学界确实仍倾向于"武士发展史观"。探究历史中的"如果"当然有其意义。但是，我们明显可以从对奇袭成功自鸣得意、结果反胜为败的藤原信赖身上，感受到和得意于太平洋战争初期势如破竹的形势的日军一样的愚劣之气。即

---

① 清华家：仅次于摄关家的家格，可以担任的最高官职为太政大臣。

使假设藤原信赖拥有处理朝廷政务的能力，我们不得不说，他的身上还是缺乏开创新时代所需的聪敏的构想力和大胆细心的执行力。

常人不会使用阴谋

　　元木泰雄否定藤原信赖无能说之后，接着批评了通说。他认为藤原信赖出身于院近臣家①，本来大纳言②就是他晋升的上限，所以"不管如何受到信任，也很难想象他会平白无故指望成为大将，甚至大臣，将信赖的怨恨视为举兵的导火索的看法是有问题的"。与否定源义朝怨恨说时一样，元木泰雄又断定信赖绝无可能期冀能够越过朝廷的人事惯例，获得特殊对待。

　　但这样一来就有一个根本性问题，如果藤原信赖是尊重公家社会规则的正常人的话，就不会发动这场军事政变了吧。我时常感觉"历史研究者会越来越像自己的研究对象"。研究中世公家的人，必须深刻理解他们的价值观和思维模式。由于常年与他们接触，研究者自己的思维模式也会不由自主地贴近研究对象。对于当时的公家来说"没道理、不可能"的事情，对于研究者来说也会变得"没道理、不可能"。

　　但若抱持当时公家的视点来评价历史事件的话，就难以理解那些不合常理、不合规矩的例外。正如古泽直人指出的那样，藤原信赖的急速晋升在当时就是脱离时代常识的事情，他本人如果更进一步贪图大将之位，也不是什么不可思议的事。

---

① 院近臣：实行院政的上皇或法皇的亲信集团，多为下级贵族。
② 大纳言：太政官的次官，正三位。院政期，实行院政的上皇或法皇多提拔自己的亲信担任大纳言。

　　而且之前的通说（竹内理三、安田元久等人的观点）本来也没有那么强调藤原信赖对信西的怨恨。为了这点私人恩怨而弄出这么大动静的阴谋，本来就说不过去。在杀掉信西这个政界头号人物的藤原信赖的心中，应该有在将来的政权中执牛耳这类的政治构想。这才是他的核心动机。

　　但是军事政变建立的政权很快就瓦解了，因此也就无法弄清信赖究竟有怎样的构想。先行研究未对信赖的动机做深入探讨，只说是"为了排除信西"，正是出于这个原因。

后白河院政派与二条亲政派的对立

　　平治之乱令人难以理解的一点在于，后白河上皇宠臣藤原信赖与二条天皇亲信藤原惟方（藤原信赖的叔父）、藤原经宗，以及二条天皇麾下的武士源光保、源赖政的勾结。一般认为后白河院政派与二条亲政派之间势不两立。

　　保元之乱后，信西承后白河天皇厚爱，积极推行政治改革。但如前文所述，后白河本来就是到守仁亲王成人为止的过渡天皇。保元三年（1158）八月，美福门院强硬地向信西提出，后白河该让位给守仁了（两人当时都已出家，因此此次会谈被称为"佛与佛的对谈"）。结果守仁亲王即位为二条天皇。

　　但实际政权仍由后白河上皇执掌，二条天皇身边的人开始考虑让后白河停止院政，改为二条天皇亲政。最大的障碍自然就是后白河院政的顶梁柱信西。

　　藤原信赖是二条天皇乳母之子藤原惟方的母亲一系的侄子，由此亲戚关系，藤原惟方与藤原信赖二人开始合作，这个说法自古就有。不过，那个时代，父子兄弟在政治上相互对立是司空见惯的，所以只凭血缘相近这一点，并不能说明两人为何结合在一起。较常见的说法是，后白河院政派的信赖与二条亲政派的惟方等人，暂时搁置了各自的立场，于"反信西"这点达成了一致。

后白河黑幕说不成立

　　河内祥辅批评了上述通说，提出了大胆的新看法。对于平治之乱的政治背景，一直以来的解读都是后白河院政派和二条亲政派的对立，但河内祥辅彻底否定了这种说法。他认为两派对立始于乱后，而在乱前，朝廷内对尽快让二条亲政并无分歧。

　　两派的对立确实是在乱后凸显出来的，而且也没有史料能够证明乱前两派就开始对立。河内祥辅主张，虽然信西是后白河上皇的心腹，但在此之前，他深受鸟羽法皇宠信，而二条亲政又是鸟羽的遗志，所以信西不可能反对二条亲政。该主张不无道理。实际上，信西认为迟早要让二条亲政的想法是有迹可循的，他在二条即位前，就将长男俊宪安排到了二条身边。

　　但是，这里有一点需要特别留意，藤原惟方等二条亲政派的最终目的并非二条亲政。他们的盘算是在二条亲政的名义下掌握政治实权。信西将儿子们安排到朝廷的关键部门，绵密地为二条亲政做准备。对于藤原惟方这派来说，若二条亲政之后信西家族仍手握大权的话，那二条亲政就没什么意义了。简单地认为信西和藤原惟方等有一致的目的，这种观察只是流于表面。

　　河内还主张，藤原信赖是凭着后白河的宠信才破例得到升迁，所以不会发动违背后白河意志的军事行动。他重新解读了《愚管抄》，主张藤原信赖等人并未监禁后白河。

以前大家都认为在军事政变中被藤原信赖等人幽禁的后白河上皇是被害人，而河内则认为后白河上皇才是整起事件的幕后黑手。也就是说，后白河命令自己的心腹藤原信赖除掉了信西。关于史料中未见后白河参与事变这一问题，河内的说法是，由于平清盛起兵击败了藤原信赖，于是政变的所有责任都被推到后者身上，而后白河与事变的关联则被隐藏了起来。这就是上节所谓的"立场颠倒"的技巧（见前述）。

对于后白河的动机，河内祥辅推测他暗中计划让二条退位，让二条的弟弟（之后的守觉法亲王）即位，于是策划除去可能会反对这一计划的信西。也就是说，这是一场推翻鸟羽法皇遗志从而继续后白河院政的"由上而下的军事政变"。可惜，这说法完全找不到史料支持，不过是猜想罢了。

元木泰雄反驳了上述观点，认为如果后白河要阻止二条亲政，那么首先应该除掉的是二条的心腹藤原惟方等人。将信西一门作为打击对象，无论如何于理不通。不得不说，河内祥辅对藤原信赖动机的解释很成问题。

另外，就算后白河出于某种原因非要将信西置于死地，那也不必使用烧毁自己居住的三条殿这种过激的方法。河内祥辅重新解读了《愚管抄》，认为藤原信赖、源义朝等人并未在三条殿放火，三条殿是因为失火被烧掉的。但正如古泽直人批评的那样，他对史料的解读很难推导出"三条殿没有被人为放火""后白河没有被软禁"的结论。

退一步说，就算火灾是偶然的，且后白河也没有被他们软禁，但是藤原信赖等人袭击后白河上皇住所这件事无疑伤害了后白河的权威。若后白河确实将信西视作眼中钉，那他其实只要命源义朝等人将信西逮捕即可，没有必要采取大规模军事行动，搞得满城风雨、人人自危。更合理的解释应该是，正因藤原信赖等考虑到后白河会反对除掉信西，他们才不得不诉诸武力。因此后白河黑幕说不能成立。

河内祥辅之所以会提出这个有些偏颇的后白河黑幕说，原因之一大概是他注意到了一般的通说不能很好地解释后白河院政派的藤原信赖与二条亲政派的藤原惟方合作的理由。河内祥辅对此的解释是，藤原惟方等人既是二条的亲信，同时也是后白河的亲信，与其说他们参与了藤原信赖的军事政变，不如说他们只是消极地提供支持罢了。

藤原惟方等人当时确实担任后白河院厅别当①一职，但是公卿兼任院厅别当在当时是普遍现象，经常可以看到挂名而不承担具体事务的人（负责具体事务的是执事别当和年预别当）。藤原惟方是二条天皇乳母之子，藤原经宗是二条天皇生母之兄，比起后白河，他们与二条的关系要深得多。难以想象他们会参与反对二条亲政的军事行动中去。

由于史料所限，双方合作的动机很难解释清楚，不过元木泰雄的说法是最有说服力的。他主张既然通过军事政变结束院政，再挟二条天皇的权威就可以施行政务，那么藤原信赖应该是支持二条亲政的。

---

① 别当：上皇、法皇的诸院、摄关等公卿的诸家内设置的家政机关的长官。院政期的院厅别当有数十名之多，居首位的是执事别当，处理实际事务的是年预别当。

综上，藤原信赖等人发动军事政变的目的应该不是阻止二条亲政，而是结束后白河院政以实现二条亲政。但这只不过是口号而已，真正的目的说到底还是除掉信西从而掌握实权。

问题在于如何维持得来的权力

河内提出了"只能依靠后白河宠信的男人背叛后白河能得到什么"这样一个问题，后白河黑幕说恐怕就是由此而来的。不过，宠臣背叛主君的例子在历史上并不少见。

当然，河内的着眼点还是有值得借鉴的地方。作为后白河宠臣的藤原信赖软禁后白河一事显得有些不合常理，正因如此，信赖的阴谋以失败告终。

藤原信赖的军事政变缺乏正当性。《愚管抄》《今镜》等后世的史书都对信西的政治才能有较高的评价，估计同时代的公家对信西的评价也不会差吧。想来在政变之初，公家社会就潜藏着对为满足自己的权力欲而推翻信西的藤原信赖的反感。

藤原信赖以二条亲政之名发难，但并不足以扭转对他不忠于主君后白河的恶评。前文说过，二条亲政已经在信西的视野之内，所以为此杀害信西无论如何是说不过去的。据《愚管抄》所述，将藤原惟方及平清盛引入争斗之中，从而改变局面的是内大臣藤原公教，他的女婿就是信西长男藤原俊宪。元木由此推论，藤原公教愤慨于藤原信赖用杀害信西这种恶毒的手段夺取政权，于是决意对抗信赖。

对于藤原信赖来说，最致命的失策是被平清盛夺走二条天皇，从而沦为反贼。但不间断地严密监视二条天皇也不可行，与其说信赖方面在警备上有问题，不如说他们在政权规划上出了毛病。若想打着二条的名号掌权，那么藤原惟方、藤原经宗的配合不可或缺，可以说在招致藤原惟方等人反对之时，藤原信赖的命运已定。

河内指出，事件中"信赖成了主角，而作为二条外戚，地位高、年龄大的藤原经宗反而成了配角"，这一点很不自然。河内由此得出一种新说法，即相较于处于下位的藤原信赖，藤原经宗和藤原信赖的靠山后白河才是事件的主谋。而我认为，正是因为"信赖是事件的主角"，所以才导致这个由军事政变建立的政权仅仅两周就被推翻。他试图倚赖盟友源义朝的武力主导新政权，因此引起二条亲信的反对，倒台便无可避免了。

一直以来，藤原信赖及源义朝没有讨伐平清盛，被认为是他们的失策之处。《愚管抄》作者慈圆对此也感到不解，他在书中推测道："怕是东国援军还没到的缘故吧。"慈圆的推理也许是对的。

搞阴谋最难的是，阴谋必须秘密进行，因此不得不限制参加者的数量。保元之乱中，源义朝召集了大量东国的家臣，而这次的军事政变，他却无法公开集结兵力。明智光秀能够直接调动攻打毛利的兵力去攻打织田信长，比起明智光秀，源义朝只能依靠手下的士兵，所处的条件十分不利。他将有限的兵力用在控制京都上，当然就再无余力去讨伐平清盛。

若当时的平清盛情急之下就像在穿越伊贺时的德川家康那样，跑到什么地方躲了起来，那么源义朝或许能够招来东国援军，加强自己的兵力。但平清盛立刻返回京都，没有给源义朝那样的时间。

《平治物语》里有这样的小故事：平清盛一行人听说了源义平（源义朝长男）埋伏在摄津阿倍野（现大阪市阿倍野区）的传闻，看到一群武士迎面而来时大惊失色，后来发现这些人其实是从京都来迎接他们的家臣。这则小故事是真是假，我们不得而知，但平清盛无疑在回京途中与家臣会合，并率领一支相当规模的部队进入京都。而源义朝是没有力量攻击这支部队的。

既然无法打倒平清盛，藤原信赖和源义朝只能拉拢他了。实际上，平清盛的女儿本来就嫁给了藤原信赖的嫡男信亲。正如元木泰雄分析的那样，藤原信赖当时应该认为只要事实上掌握政权，并确立主导权的话，就能得到平清盛的协助。

但同样身为武士的平清盛和源义朝是竞争关系，平清盛不可能对源义朝在新政权中跳龙门一事作壁上观。不出所料，藤原信赖、源义朝二人的如意算盘最终落空了。

元木泰雄是同情藤原信赖的。他说："以武力夺权这一行为，可称得上为平清盛和源义仲树立了行动的先例，不应只抓住结果就将信赖批评得一无是处。"但是，说到以武力解决朝廷内权力斗争的例子，信西在保元之乱时就已经实践过了，认为此方法是藤原信赖独创未免牵强。

平清盛不在京都的情况下，如果能够动员源义朝等人，那么凭借武力控制京都并非难事。困难的是如何维持夺取的权力。这点，藤原信赖处理得实在不好。他的失败可视作一个聪明反被聪明误的反面教材。

第二章

以阴谋为中心重读《平家物语》

第一节 平氏一门与反平家势力之争

鹿谷阴谋

平治之乱次年，二条亲政派的藤原惟方、藤原经宗、源光保等人失势。究其缘由，藤原惟方等人虽然参与了藤原信赖的政变，但后来背叛了他，而且凭此功劳在平治之乱后仍居政权中枢，引起后白河上皇、平清盛及其他公家的强烈不满。同年，支持二条亲政的美福门院辞世，后白河上皇终于没有了后顾之忧。

但是二条天皇渐渐长大，开始不满后白河的院政。被流放的藤原经宗得到赦免回到京城，而后白河上皇的亲信却因诅咒二条天皇的罪名被流放了。后白河上皇本身就是过渡天皇，权威性不足，自此他的政治权力越发衰弱。在此期间，平清盛在二条亲政派和后白河院政派间长袖善舞，与双方的关系都不错。

永万元年（1165），二条天皇突然驾崩，年仅二十三岁。他临死前让位给自己的皇子（六条天皇），想彻底阻止后白河院主导政务。但原本被期待辅佐六条天皇的摄政藤原基实（藤原忠通四男）于次年去世，年仅二十四岁。这样一来，六条天皇的祖父后白河得以主导政务。

后白河上皇企图让六条天皇退位，让宠妃平滋子生的宪仁亲王即位。平滋子是平清盛妻时子之妹，因此平清盛也赞成拥立宪仁亲王。后白河与平清盛由此开始联手。

仁安二年（1167），平清盛晋升为太政大臣。次年，宪仁亲王即位（高仓天皇）。承安元年（1171），平清盛之女德子入高仓天皇后宫。

后白河与平清盛的蜜月期并未持续太久。平氏一门急速升迁使后白河的亲信心生不安。安元二年（1176），维系后白河与平清盛合作关系的纽带建春门院滋子去世，终年三十五岁，两人的对立随即公开化。次年，安元三年六月发生的"鹿谷阴谋"是象征双方矛盾激化并被写入日本史教科书的著名事件。

描绘平氏一门盛衰的军记物语《平家物语》记载，后白河法皇与亲信西光、藤原成亲、平康赖等人聚集在位于京都东郊的僧人俊宽的山庄内，共商讨伐平氏的计划。武士多田行纲（摄津源氏）原本打算加入他们的行列，但他见到这些人在酒宴中的狂态后，意识到他们的阴谋不可能成功，于是向平清盛告密。结果西光等参与者同时被捕，随后或被杀掉，或被流放。

鹿谷事件的政治背景

醉醺醺的藤原成亲弄倒了装了酒的瓶子，周围人欢叫道："瓶子（平氏）倒了哟。"《平家物语》记录的这个鹿谷阴谋中的小插曲相当有名，但在鹿谷山庄商量阴谋之事是真的吗？

实际上当时围绕着比叡山延历寺发生了一场大骚动。事件发端于前一年加贺守藤原师高与担任目代（代替留在京都的国守实际前往地方上任者）的弟弟师经，因土地问题和白山中宫①末寺涌泉寺起了争端，藤原师经一把火烧了涌泉寺的堂舍。作为本寺的延历寺收到白山方面的申诉后，要求朝廷流放藤原师高。

但藤原师高的父亲西光是后白河院政中的头面人物，因此后白河法皇很是为难。后白河希望只流放目代藤原师经就能解决问题，但这激怒了延历寺的众徒②，他们在安元三年四月十三日抬着七台神舆涌入京都，这就是所谓的"强诉"。

为了守护高仓天皇的临时居所闲院御所，平重盛（平清盛的长男）率军出动，发射弓矢威慑延历寺的众徒，不料流矢击中了日吉社的神舆，还射死、射伤了延历寺的数名僧侣③。朝廷内也对这种不祥之事批评声不绝，后白河无可奈何地决定流放加贺守藤原师高。

西光对此深感不平，要求后白河处罚天台座主（比叡山延历寺的最高层）明云。五月二十一日，后白河不顾公卿的反对，决定免除明云天台座主一职，并将其发配伊豆。

对这个处罚大为不满的延历寺僧众在明云被押往伊豆的途中把他抢回了比叡山（但并未恢复座主的身份）。后白河的态度也非

---

① 白山中宫：位于现石川县白山市，过去属于加贺国南部。位于白山的本宫四社与中宫三社是白山信仰的根据地。下文的涌泉寺是中宫八院（八个神宫寺）之一，中宫三社与中宫八院合称"三社八院"。1147 年白山本宫等成为比叡山延历寺的末寺（社）。
② 众徒：平安时代以后，日本的大寺院出现僧侣集团化的趋势。分化为专心学问、祈祷的学侣集团，除了学问、修行外还负责寺院实际运营的众徒集团，负责杂务的行人集团等。延历寺的众徒多出身于上级贵族。
③ 原文为"大众"，指的是众僧侣，后来也指代僧兵集团。

常强硬，命令平重盛和平宗盛（平重盛之弟）出兵比叡山，但两人回复若无平清盛点头则无法动兵。后白河派使者去找身在福原的平清盛，于是平清盛返京。

五月二十八日，后白河与回到京城的平清盛会面，要求其攻击延历寺。与明云关系不错的平清盛开始时有些踌躇，但最终还是答应了。后白河强行要求平清盛出兵，也被视为破坏平清盛与延历寺关系的阴谋。

可第二天事态发生了出人意料的转折，就是上文提到的平清盛逮捕西光等人一事。

平清盛捏造了阴谋

从上述经过可以看出，鹿谷阴谋正中平清盛下怀。阴谋刚好在如此关键的时刻败露，攻击比叡山一事只好作罢，平清盛因此得以避免与延历寺结下梁子，而那些敌视平氏的后白河亲信也被一扫而光。

因此，学术界很早就开始质疑鹿谷阴谋的真实性，怀疑“这是平氏为了消灭院政势力而捏造的冤案”。这里既使用了“寻找加害者（攻击方）与被害者（防御方）的立场实际上有没有颠倒的可能性”这种阴谋研究的基本方法，也用了“获利最大者即真凶”这一逻辑。

西光在审讯过程中确实承认他们讨论过杀害平清盛的阴谋，但是这种坦白常常是拷打的结果，难以作为鹿谷阴谋确有其事的证据。若说后白河法皇及其亲信在宴席上说了些平清盛的坏话，倒也不奇怪，但是很难想象他们会计划挑战当时军事实力远超其他武士的平氏一门，这样的计划太不现实了。

后白河一方面命令平清盛攻打比叡山，另一方面也在集结近江、美浓、越前的武士。有种说法认为集结兵力是为了讨伐平清盛，但这充其量只是想象而已。临时拼凑起来的群龙无首的军队不可能战胜由平清盛这样的魅力型领袖统帅的平氏一门。

只是，除了军记物语《平家物语》，《愚管抄》也记载了鹿谷阴谋。可能正因如此，尽管这些记述有夸张和虚构的成分，但还是有人认为密谋确实在鹿谷发生过。

鹿谷阴谋是真是假？川合康提供了思考此问题的新视角。他主张平清盛之所以逮捕西光和藤原成亲，不是因为二人参与了谋害自己的计划。藤原兼实（藤原忠通六男）在日记《玉叶》中写道，西光等人被捕的罪名是因私怨唆使后白河流放天台座主明云。依据这条史料，川合康提出平清盛行动的主要目的在于阻止后白河攻击延历寺的计划，这是川合说的主旨。

仗着后白河撑腰而耀武扬威的院政近臣们，本来在公卿中就不得人心。后白河又坚决要攻打延历寺，从而招来了更大的反对意见。于是，平清盛打击西光、藤原成亲等人的行动有了一定的正当性，得到公家社会的认可。

川合康还指出，《平家物语》和《愚管抄》中多田行纲告密的描写也是虚构的，因为之后多田行纲仍旧在后白河左右，比如寿永二年（1183）十一月，当木曾义仲袭击后白河居所法住寺时（法住寺合战），他就为后白河阵营而战。如果多田行纲确实背叛后白河而向平清盛告密的话，很难想象后白河还会让他留在自己身边。可以说这个见解合情合理。

　　不过川合康认为密谋本身是存在的，这点其实存疑。他认为"平氏一门将密谋一事作为借口，就能将权臣西光、藤原成亲逮捕，说明当时贵族社会处于平氏的政治淫威之下"。但不管是斩首西光，还是在流放地杀藤原成亲，无不显示平清盛残酷的处罚带有强烈的私刑色彩。而因延历寺问题被捕的西光坦白罪行一事，刚好说明平清盛动用了私刑。

　　问题在于鹿谷事件是事实还是平清盛的阴谋。对此，下向井龙彦指出，藤原成亲是应平清盛之邀前往平清盛府邸时被捕的，从该举动中完全看不出他对平清盛有任何戒备之心。这在相当程度上说明并没有什么阴谋。

　　除了西光和藤原成亲，平清盛在惩处其他人之前都不失冷静地先征得后白河的许可。面对这些企图陷害他的性命的人，平清盛并没有丧失理智，施以残酷的报复。他的意图大概是以延历寺问题为由将西光、藤原成亲这两个对平氏一门抱有敌意的对头抓起来，再弄一个搞阴谋的罪名，最后处以死刑吧。

　　川合康的其他说法，我是赞同的。虽说《愚管抄》是比较可信的史料，但这是四次出任天台座主的慈圆在镰仓时代（也就是平氏没落后）写就的史书。比叡山延历寺与后白河法皇对立，在平清盛的帮助下才得以获救，对于延历寺来说，这是"有些让人难堪的真相"，因此将此事按下不表也就可以理解了。于是慈圆就将西光、藤原成亲等人的处刑，改写成平清盛与后白河角力的结果。

　　鹿谷阴谋就是这样被凭空捏造出来的。很早就有研究指出，《平家物语》的成书与慈圆有关，这样就可以理解为什么《平家物语》将"平氏一门的专横"作为西光、藤原成亲遭处刑的原因。

治承三年政变

平清盛置西光、藤原成亲于死地，而未追究后白河法皇的责任。《平家物语》的说法是，平清盛听了长男重盛的谏言才放弃报复后白河，这应该是为了强调傲慢的平清盛和忠厚的平重盛这一对比而进行的文学加工。实际上，平重盛的妻子是藤原成亲的妹妹，因亲戚犯了法，他也引咎辞去左大将一职。此时正处于政治低谷的他，根本没有劝阻平清盛的能力。

平清盛回避与后白河本人的对立，究其原因，应该是除了后白河，再没有其他人能够实行院政。自白河院政①以来，朝政一直由院政执掌，而天皇亲政已经很少见了。另一方面，年幼的高仓天皇缺乏权威，仍需后白河辅佐。不过，这个时候后白河的得力助手已经被一扫而空，后白河不得不收起锐气，至少表面上试图与平清盛和解。

但是到了治承三年（1179），后白河开始了他的反击。盛子既是平清盛的女儿，也是藤原基实的遗孀，她在六月去世，其领地由后白河管理。在十月九日的除目仪式上，藤原基实二十岁的嫡子基通什么都没得到，而关白藤原基房（藤原忠通五男，藤原基实之弟）八岁幼子师家被任命为权中纳言。这次前所未有的人事变动使朝中大臣一片哗然。

实际上仁安元年（1166）摄政藤原基实去世时的安排是，到继承者藤原基通成年为止，基实领有的摄关家领由其遗孀，也就是藤原基通的继母盛子管理。这就使摄关家领事实上落到了平清

① 白河天皇（1053—1129）：日本第七十二代天皇，1073—1087 年在位，鸟羽的祖父，后白河的曾祖父。

盛手中。平清盛又将女儿完子嫁给了藤原基通，强化了和将来会继承摄关家领的基通的关系。

藤原基房一直对这样的安排不满，于是趁盛子去世的机会向后白河进言，藤原师家因此当上了权中纳言。这意味着摄关家的嫡系是藤原师家，而不是平清盛的女婿藤原基通，同时也意味着平氏失去了继承摄关家领的权利。

在同一天的除目仪式上，由平维盛（平重盛的嫡子）代替七月去世的平清盛长男平重盛管理的越前国被没收。这也是对平氏一门的打压。

平清盛没有坐视后白河法皇和藤原基房的进逼。十一月十四日，平清盛率领数千骑进京，用武力占领了京都。平清盛首先剥夺了藤原基房父子的官职，将基房贬为大宰权帅。这手法跟过去处罚菅原道真时一样，事实上就是流放。

接着平清盛赶走了接替明云担任天台座主的觉快，让明云重回天台座主之位。与后白河、藤原基房亲近的贵族全都被免职，就连平清盛同父异母弟平赖盛也因与后白河的关系而受到处罚。这些人空出来的位子被平氏一门或亲近平氏的公卿补上。

对平清盛的铁腕感到震惊的后白河为了和解，向平清盛提出"今后再不管政治上的事了"，但为时已晚。二十日，平清盛将后白河软禁于鸟羽殿。至此，后白河院政落下了帷幕。平清盛主导的这次军事政变被称为"治承三年政变"，学术界以此为平氏政权的开端。

平清盛的这次政变大概效仿了平治之乱中藤原信赖发动的政变，而且准备得更为周全。藤原信赖当时依靠源义朝的武力发动政变，结果被更有实力的平清盛镇压。而这次平清盛完全没有可以匹敌的对手，轻而易举地拿下了京都。

另外，藤原信赖当时虽然打着二条天皇亲政的旗号，但他本人与二条天皇的关系并不亲密。而平清盛则是高仓天皇的外戚，他的政变因此显得名正言顺。

如果后白河能够客观分析局势，就不难预见打压平氏一门肯定会招致平清盛的武力反抗。他可能看到平清盛丧失盛子和平重盛两个孩子后，待在福原①没有什么动静，而误以为平清盛已经心灰意冷，失去了政治抱负吧。再加上西光、藤原成亲被处分时，他没有受到连累，因此对平清盛掉以轻心了。

但是与两年前相比，情况已发生了很大变化。前一年，即治承二年十一月，平清盛之女德子生下高仓天皇的皇子（言仁亲王），使高仓院政有了可能。对于平清盛而言，后白河法皇不再是不可或缺的了。

政变次年，治承四年二月，高仓天皇让位给言仁亲王，安德天皇②登基。加之藤原基通担任摄政，由此出现了上皇、天皇、摄政都是平清盛近亲这样的局面③。平清盛的权力已坚如磐石。

以仁王的失败是注定的

随着治承三年政变及高仓院政的成立，似乎已经没有能与平氏一门一较高下的势力了。不过还是有人起来挑战平氏，这就是

---

① 福原：现兵库县神户市。
② 安德："和"崇德"一样，"安德"也是谥号。言仁亲王三岁即位，八岁死于源平合战，死后追赠谥号"安德"。
③ 平清盛的女儿德子嫁给了高仓，完子嫁给了藤原基通。德子生下了言仁亲王。

以仁王。

以仁王是后白河法皇的第三皇子。因为第一皇子作为二条天皇即位了，所以他很小就被送入佛门，成为天台座主最云的弟子，后因最云去世而失去了正式出家的机会，在永万元年（1165）行了成人礼。因此，他与已经出家的同母兄长守觉法亲王不同，至少有资格继承皇位。

可实际上登上皇位的是小他十岁的异母弟高仓，接着高仓天皇的皇子安德出生，再接着守贞亲王出生，以仁王基本没有即位的可能了。对以仁王来说，安德即位成了压倒骆驼的最后一根稻草。

另外，在治承三年政变中，以仁王从最云那里继承的领地被平清盛没收，因此他对平清盛也怀恨在心。为了扭转自己走下坡路的局面，他决定发动军事政变。

军记物语《平氏物语》及镰仓幕府的准官方史书《吾妻镜》记载，讨伐平氏这个主意是源赖政给以仁王出的。但平氏政权灭亡之后成书的《平家物语》和《吾妻镜》明显有过分强调源氏和平氏之间宿命对决的倾向，所以不可轻信。源赖政当时已七十七岁高龄，而且由于平清盛的推荐才得以升任从三位，正安享晚年。所以，与其说源赖政有举兵的动机，不如说有动机的是以仁王本人。

为什么源赖政会同意以仁王的这个无谋之策呢，根子就在八条院暲子内亲王身上。八条院是鸟羽法皇和美福门院的女儿，她从鸟羽那里继承了广大的王家庄园领地。以仁王一直受八条院庇护。源赖政则在美福门院和二条天皇死后，转而侍奉八条院，由于这层关系，他和以仁王走得很近。以仁王和源赖政大概觉得，凭借八条院的财力，再将受恩于八条院的武士和不满平氏的武士集合起来的话，自己应该还是有胜算的。

治承四年四月九日，以仁王向东海、东山、北陆三道①的武士发出讨伐平氏的令旨（亲王发出的命令文书），历数平清盛软禁后白河法皇、流放朝廷大臣之罪，并宣称讨伐平氏一门后，自己将承袭天皇之位，以自抬身价。因为西日本是平氏的势力范围，令旨只发给了东日本的武士。以仁王似乎担心走漏风声，命侍奉八条院的源行家（源赖朝的叔父）向东国武士传旨。

河内祥辅注意到，该令旨并不是号召各地武士赶到京都，而是鼓动他们在当地举事。平氏一门在京都一带占据绝对的军事优势，以仁王预计与他们正面冲突全无胜算，于是计划在各地举兵，趁平清盛发兵镇压的空当，一举拿下京都。虽说这只是沙盘推演，但也算是合理的战略。

以仁王的阴谋一般被认为"事先就被察觉了"。但是阴谋败露是在五月十日前后，也就是说大约一个月后才被发现。不过，这样的阴谋本身就很难长时间保密，计划失败的原因与其说是泄密，倒不如说是东日本武士并没按他的想法行动。比如，源赖朝是收到密旨的武士之一，他在六月下旬起事，而此时以仁王已经离开人世了。

以仁王在密旨中将自己比作壬申之乱逼死侄儿大友皇子而即位的天武天皇。山本幸司等人认为以仁王表达了他要以武力推翻

---

① 东海道相当于现在三重县到茨城县、面向太平洋的地区。北陆道相当于现在福井县到新潟县、面向日本海的地区。东山道夹在东海道与北陆道之间。

侄儿安德天皇，自己登基的意图。这意味着将彻底埋葬高仓、安德一脉皇统，建立自己的皇统。

即便不说安德天皇是平氏政变后拥戴的，只说高仓的即位，那也是得到了后白河支持的。按以仁王的说法，自己是后白河皇子所以应该即位，但在情理上又出现了违背后白河意志的矛盾。从这点来看，以仁王显得名不正言不顺。如果说平氏的军事政变是篡权，那么以仁王举兵同样是篡权。东国武士行动迟缓，一方面是畏惧平氏的权势，另一方面也是因为怀疑以仁王的正统性。

揭开治承·寿永内乱的帷幕

五月十五日，朝廷决定把以仁王流放到土佐国，检非违使源兼纲等将以仁王在三条高仓的宅邸团团围住。但此时以仁王早就在逃往园城寺的路上了。实际上，源兼纲是源赖政的养子，估计他事先把消息透露给了以仁王。

平氏一门知道此事后，于二十一日决定攻打园城寺。当天夜里，被选为大将之一的源赖政放火烧了自家宅子，带着嫡子源仲纲、养子源兼纲等五十骑奔赴园城寺。平清盛原先虽然知道以仁王谋反，却不知道源赖政也参与其中。

另一头，园城寺虽说收留了以仁王，但并未确定是否将追随他举兵。以仁王和源赖政感到，在这种情况下继续待在园城寺怕是凶多吉少，于是又去投奔兴福寺。但他们在宇治平等院休息时，被三百骑平氏讨伐军追上。源赖政为了让以仁王逃走，自己挺身迎敌，这就是所谓的宇治川之战。源赖政虽奋力作战，还是因为寡不敌众，被渡过宇治川后朝平等院而来的平氏军打败，最终战死。据说以仁王也死于前往奈良的途中，只不过其情并不明了，因此有传言说实际上他还活着。

被流放到伊豆的源赖朝静静观察着局势。六月十九日，京都三善康信的使者到了。康信是源赖朝乳母妹妹的儿子。使者说，平氏可能会追讨各地收到以仁王密旨的源氏，因此建议他立刻逃往陆奥国。危机面前，源赖朝没有选择逃亡，而是开始检讨举事的可能性。

以仁王举兵前，伊豆国的知行国主（拥有任免国守权力的人）①是源赖政，伊豆守是源赖政嫡子源仲纲，代表仲纲赴任者是仲纲之子源有纲。平清盛派家臣大庭景亲去关东讨伐源有纲。八月二日，景亲回到自己在相模国（现神奈川县）的领地，而有纲已经逃到了奥州。

这时伊豆的支配体制已经发生了很大变化。新任知行国主是平清盛妻兄平时忠，时忠任命自己的养子平时兼为伊豆守，同时任用山木兼隆为目代。源赖朝感到了来自平氏的无形威胁，于是加紧筹划举兵。

八月九日，大庭景亲找到曾侍奉源义朝，现为浪人②的佐佐木秀义，告诉他源赖朝计划谋反的传闻已经到了平清盛的耳朵里。大庭景亲忠告自己的友人秀义不要再跟源赖朝有瓜葛，但是秀义第二天却派长男定纲去源赖朝家，把自己听到的事告诉了源赖朝。事已至此，源赖朝只得横下一条心。同月十七日，源赖朝举兵讨

---

① 知行国主：古代、中世的日本，有力贵族、寺社、武家拥有某些令制国的知行权。他们有权任免该国的国守，该国上缴的赋税也归他们所有。
② 浪人：日语中的写法有两种，"牢人"或者"浪人"，意义相同，指失去主公的武士。

伐平氏，他首先袭击了山本兼隆的宅邸。这就是治承·寿永内乱，即所谓的源平合战的开端。

　　仔细审视此事的来龙去脉，与其说源赖朝主动响应以仁王，倒不如说在以仁王、源赖政死后，平清盛强化对各地源氏的监视的背景下，源赖朝不得不放手一搏。这可能才是源赖朝举兵的实情。同样的情况也发生在后来成为源赖朝竞争对手的源义仲（木曾义仲）身上，他的兄长源仲家参加了源赖政的军队，因怕自己受牵连，他同样选择起兵。无论如何，以仁王构想的全国性反平氏运动，没想到竟以他自己的死为契机得以实现。

第二节　源义经是阴谋的牺牲者吗

担任检非违使问题的真相

　　源平合战中最耀眼的人物非源义经莫属。众所周知，平氏灭亡后，他与兄长源赖朝对立，未得善终。嫉妒其军事才能的源赖朝当然有责任，但是人们往往认为另一部分原因在于后白河法皇离间了源赖朝、源义经兄弟。虽然有人认为源义经确实欠缺政治敏感性，但大多数人仍然将其视为中了源赖朝或后白河法皇圈套的"悲剧名将"。

　　不过，近年来不断有修正上述观点的研究登场。下面我想边介绍这些新的研究成果，边试着重新检讨源义经的形象。

　　通常认为，源赖朝与源义经兄弟心生嫌隙的契机是担任检非违使问题。源义经在寿永三年（1184 年 4 月改元元历）二月的一之谷战役中立下大功，却没有获得任何赏赐，而同样参加了此战

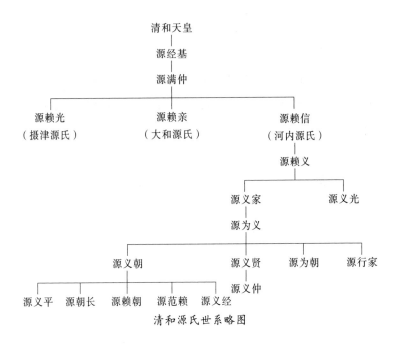

清和源氏世系略图

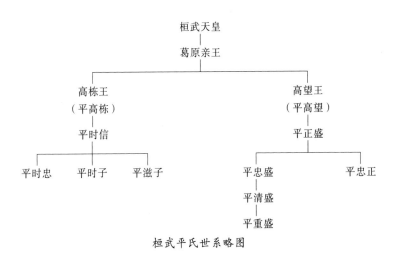

桓武平氏世系略图

役的源范赖（源义经异母兄）于六月被任命为三河守，源义经因此心生不满。后白河法皇看到这点，于元历元年八月六日任命源义经为检非违使左卫门少尉。但是源赖朝严禁他的家臣，或者说御家人①，在未得到他许可的情况下接受官职。源赖朝对源义经未经他的许可而任官一事勃然大怒，于八月十七日将源义经从讨伐平氏的任务中调离，命令源范赖前往讨伐。

上述观点基本上取自《吾妻镜》的说法，没有其他史料可以佐证。另外，检非违使和受领（国守）相比只是个不起眼的小官，源赖朝是否值得为此动气实在令人怀疑。《吾妻镜》是为了证明镰仓幕府正统性而编撰的史书，可能有意篡改了有关源义经的内容。对于其所述"源赖朝对源义经未经他的许可而任官一事勃然大怒"，必须采取审慎态度。

事实上，九月十八日，源义经保留检非违使之职，官阶升至从五位下，一跃而为贵族。十月十一日，他获准进入内里、院御所，陈谢晋爵之礼。进入院御所姑且不提，能够进入内里的资格被称为"内升殿"，对于武士来说是非常荣耀的事情。河内源氏一族过去只有其父源义朝曾获此殊荣（参见"源义朝的怨恨"一节）。我们找不到源赖朝阻碍源义经升官的证据，反而能看到源赖朝的亲信大江广元在其中的助力。菱沼一宪认为，源义经任检非违使得到了源赖朝的同意，或者至少得到了源赖朝的默许。

源义经被调离追讨逃往西国的平氏的任务，并不是因为源义经得罪了源赖朝，而是因为他被命令去扫荡平氏余党，平氏刚于

---

① 御家人：平安时代，侍奉贵族、武家栋梁者被称为"家人"。镰仓幕府建立后，将与镰仓幕府结成主从关系的人称为"御家人"，以表敬意。"御家人制"是镰仓幕府的重要制度。

七月作乱，大多被镇压，少数逃到伊贺、伊势。检非违使本来就是负责京都治安的官职，因此可以认为源义经担任检非违使是为应对畿内的平氏残余势力而采取的对策。无论对于后白河还是对于源赖朝，保卫京都、维护畿内治安都是重中之重。在这点上，二人之间不存在利害冲突。

源义经没当上受领的原因并不复杂，受领和检非违使一般不会由同一人兼任。而授予源义经内升殿的资格则可看作为了补偿受领与检非违使差距的举措。所以说，与源范赖相比，源义经受到冷遇之说是不成立的。

至于说后白河用任命检非违使一事离间源赖朝、源义经兄弟的这种阴谋论，只不过是从后来的兄弟对立倒推出来的结果论。后白河在平氏仍在西日本维持着势力的情况下，操弄会引起源氏内斗的阴谋，对他自己有百害而无一利。

同时期，经源赖朝周旋，源义经娶了河越重赖的女儿。读者或许不了解河越重赖，不过比起他，他的妻子更重要。他的妻子的外祖母是源赖朝的乳母比企尼。源赖朝流放期间，比企尼始终支持源赖朝，源赖朝对她信任有加。河越的妻子又是源赖朝嫡男源赖家的乳母。源赖朝让源义经与比企尼的外孙女结婚，以此强化源义经和源赖家的关系。甚至可以说，源赖朝可能有意让源义经成为源赖家的藩屏。

源赖朝的构想，是打算让源义经留在京都，维护畿内近国的安定，让源范赖率领远征军压制属于平氏势力范围的山阳^①、西海^②两

---

① 山阳道：现兵库县南部到山口县、面向濑户内海的地区。
② 西海道：现九州岛及周边的对马等岛屿。

道，从而孤立位于屋岛（现香川县高松市）的平氏大本营。但由于粮草不足，源范赖在西日本没有什么进展。源赖朝无计可施，只得再次启用源义经。元历二年（1185 年 8 月改元文治）二月十八日，源义经突袭屋岛，将平氏的军队赶到了海里（屋岛之战）。

腰越状的诸多疑点

元历二年三月二十四日的坛之浦战役中，平氏一门灰飞烟灭。为源氏立下大功的人，自然就是源义经。胜利回京时，源义经受到了热烈欢迎。但正所谓狡兔死走狗烹，平氏一灭，没有用武之地的源义经就遭哥哥源赖朝打压，最终被逼举兵。这是一段广为人知的故事。

象征源义经开始失势的逸话，就是非常有名的"腰越状"。据《吾妻镜》记载，元历二年五月，源义经护送平氏一门的主帅平宗盛等人去镰仓，却被源赖朝禁止进入镰仓，被拦在镰仓西界的腰越。于是源义经在腰越写下表明心意的书状，委托大江广元带给源赖朝。但是源义经在书状中夸耀自己立下的大功，反而激怒了源赖朝，他拒绝与源义经相见。源义经心灰意冷，班师回京，并放言："跟源赖朝有仇的人跟我来。"

但这则故事里有许多不自然的地方。如前文所述，若两人确实已经彻底决裂，那么源赖朝不应该放他回京，直接把源义经逮捕就行了。源赖朝绝不会对可能反叛之人掉以轻心。

河内祥辅认为，源赖朝为了同时除掉后白河才故意放走源义经，让他在后白河的支援下在京都发起叛乱。阴谋论的特点就是，认定最终的胜利者从一开始就掌控一切，这点我是无法认同的。

灭了平氏的源义经名声大噪，如果再得到后白河的支援而举兵，此时的源赖朝怕是还没有一定能镇压下去的自信。他完全没有必要放着在镰仓把源义经抓起来这一安全的方法，而偏要去下一个没把握的赌注。

腰越状的文字同样让人费解。源义经为没有得到源赖朝允许擅自接受检非违使任命一事辩解道："我认为这是源氏一门的荣誉。"但如前文所述，接受这个职位是得到了源赖朝同意的。而且检非违使一职，是连不受鸟羽法皇待见的源为义（源义经祖父）都能担任的官职，根本谈不上多大的荣誉。

接着，源义经抱怨自己立下大功却遭诽谤，没有得到公正的评价。这应该是针对梶原景时的批评而言。梶原景时是源赖朝派给源义经的军监，但是《吾妻镜》本来就对后来不得势的梶原景时评价不高（见后文），对《吾妻镜》所下"馋者景时"的评语也未可尽信。

关于腰越状的真伪存在两种观点，将其看作源义经死后出现的一个"源义经传说"比较妥当。也就是说，这是一个为了强调源义经的悲剧而编造的故事。

慈圆的《愚管抄》以及军记物语《平家物语》诸版本[①]中最接近原始形态的延庆本《平家物语》等，都有源义经与源赖朝在镰仓会面的描写。也许这才是事实吧。不过这时两人的关系已开始恶化，《愚管抄》也承认这点。

源赖朝之所以对源义经心生芥蒂，追本溯源，就是因为源义

---

① 《平家物语》现存有许多版本，各版本的章回构成也不尽相同。一般可分为唱本系和读本系。现在日本学界认为读本系要早于唱本系，而延庆本是读本系中现存最早的版本。

经没有按源赖朝吩咐的方法去讨伐平氏。源赖朝打算切断平氏军队的补给线，通过持久战使其投降。他反复嘱咐源范赖，一定要让三神器（历代天皇所传承的三种宝物，象征天皇的正统性）和安德天皇安全回到京都。源赖朝打算凭三神器和安德与后白河法皇做政治交易，因此并不执着于灭亡平氏。

但是源义经一门心思要速战速决，他直接消灭了平氏，根本未给投降的机会。这正合了憎恶平氏的后白河的意。结果，虽然源义经大胜，但是安德天皇和平氏一门一起投水自尽，三神器之一的草薙剑也沉入海底。因此源赖朝反感源义经，没有要赏赐他的意思。

还有一件事也值得一提。之前我也说过，平氏灭亡后，源义经受到后白河的重用，仿佛后白河的左膀右臂一般，而这使源赖朝深感不安。武士为朝廷卖命本没什么特别的，源义经也许并没有离开源赖朝自立门户的意图。但是，源赖朝切断了御家人与朝廷的直接联系，他正在构建御家人必须经过自己才能侍奉朝廷的体制。源赖朝要成为唯一的武家栋梁，而源义经接近后白河有可能使他的努力付诸东流，在京都地位越来越高的源义经无疑会让源赖朝感到不快。

尽管如此，源义经毕竟在讨伐平氏的过程中立下了最大的功劳，源赖朝也不能毫无理由地处罚他。两人的冲突激化仍需时日。

兄弟决裂的真实原因

文治元年（1185）八月的除目仪式上，源义经在源赖朝的推荐下就任伊予守。《吾妻镜》的说法是，源赖朝四月推荐了源义经，之后两人关系破裂，但这时已经不能收回了。《吾妻镜》里源赖朝、源义经兄弟因腰越状一事而决裂的叙述不可信，因此这里的说法也不可尽信。

元木泰雄指出，在这个时代的受领中，伊予守和播磨守的官阶最高①。而且源义经先祖源赖义（源义家之父）因前九年战役中的胜利而得到的恩赏就是伊予守，可以说对源氏一门来说，这是一个有特殊意义的官职。这意味着源赖朝不仅认可了源义经立下的大功，还给予了最高的恩赐。

只是源赖朝还有一件放不下的事情。前文已经说过，如果按照当时的原则，受领和检非违使是不能兼任的。源义经当了伊予守后，就得辞掉检非违使。元木泰雄推测，源赖朝给源义经送去过让他离开京都的信息。

结果，源义经却兼任了伊予守和检非违使。促成这个打破常规做法的人只可能是后白河法皇。他的想法是让源义经留在京都。

一般认为后白河是为了树立一个可以对抗源赖朝的人，才故意重用源义经。但后白河同样将源赖朝从正四位下一举升到从二位。而且他也没有独断专行地封赏源义经，而是在得到了源赖朝的推荐后才任命其为伊予守。可以说，后白河对源赖朝的评价很高，也充分考虑了源赖朝作为御家人领导的地位。

后白河在平治之乱、治承三年政变、法住寺之战中有过三次遭软禁的经历。他当然想在身边安置一个既忠诚又有实力的武士，来保护自己的安全。后白河并不敌视源赖朝，甚至也不觉得自己

---

① 令制国也有等级差别，播磨和伊予的等级最高。一般国守的官阶是五位，而播磨守和伊予守的官阶是正四位下，离公卿只有一步之遥，被认为是登龙门的官职。

的所为会让源赖朝感觉不舒服。

　　但源赖朝并不这么看后白河与源义经的合作。在他眼里，后白河是要拥有自己的武装，而源义经则是要脱离自己的管制。二人的做法与源赖朝独占全国军事治安权的构想背道而驰。元木泰雄指出，激怒源赖朝的不是"担任检非违使"而是"兼任检非违使"。他的慧眼令人佩服。

　　不过这时候的源赖朝还顾不上把源义经怎么样，还有其他要紧事等着他，那就是讨伐自己的叔父源行家。

源义经谋反

　　源行家是带着以仁王的令旨走遍全国，促成各地武士起兵的人物。在此意义上，他也是讨伐平氏的有功之臣。不过他没什么军事水平，在源平合战中没有立下战功。而且他觉得跟随源赖朝并不光彩，转而投靠了后白河，拒绝向镰仓表示臣服。在源赖朝眼里，源行家的傲慢就是"谋反"，于是他着手准备讨伐源行家。源赖朝也向源义经传达了这一方针，尽管对源义经有疑心，源赖朝到底还是希望源义经能帮自己一把。

　　源义经本打算去说服想起兵反叛源赖朝的行家，可没想到，却反过来被对方说服，两人站到了同一战线。二人举兵始于十月十三日，这天，源义经向后白河请求讨伐源赖朝的宣旨（朝廷命令）。

　　根据源义经在奏疏中所言，他举兵的原因是不满现在的待遇。他在讨伐平氏的战争中立下了最大的功劳，本该得到恩赐，反而受到打压。具体说来有两点：一个是，虽然源义经成了伊予守，但由于源赖朝在各地都设置了地头①，源义经并无实际利益；另一个是，之前从源赖朝那里得到的二十处没收的领地，在平氏灭亡后，全部被源赖朝收回了。

先来看看第二点。所谓没收的领地，都是源义经征讨伊贺、伊势的平氏残党时接收的平氏领地。东岛诚已经点明，这些土地本来就没有成为源义经的领地，他只是拥有将这些土地分给麾下武士的权力（当然，如果他不分，而是留在自己手里，那么实际上就成了他的领地）。

源赖朝之所以把这些没收的土地交给源义经，是为了让讨伐平氏的征战能够顺利进行而采取的临时举措。也就是说，这是为了使源义经能够将畿内、西国的武士组织起来而采取的经济手段，是战时特例而已。在源赖朝的构想中，能够赏赐武士领地的只能是他自己。随着战争结束，源赖朝收回之前授予源义经的临时特权，实在是再自然不过的事了。

回头再来看第一点。元木泰雄认为，封源义经为伊予守实际上可以看作对收回二十处没收领地的补偿。只是源义经始终不愿离开京城去镰仓，想保留后白河亲信的地位，于是源赖朝就在伊予设置地头妨碍源义经对伊予国的支配。源义经因此失去了经济来源的独立性②，不得不在两个选项中择一，要么屈从源赖朝，要么跟源赖朝来场硬仗。

---

① 地头：镰仓、室町幕府的武家官职之一。为了管理庄园和国衙领（公领）而设置的职位。平氏政权之前已经存在，源赖朝从朝廷那里得到在全国设置地头的许可，从御家人中选出地头，负责庄园和国衙领的税收、治安、裁判等事务。

② 设置地头前，源义经可以直接从伊予国收税；设置地头后，必须通过地头向伊予收税，而地头都是源赖朝的御家人。

　　不过说到底，这只是源义经个人对赏赐的不满，后白河不能因此就赐予源义经倾全国之力讨伐源赖朝的宣旨。也许源义经正是出于这个理由才控诉"源赖朝要暗杀我"。若真有其事，那么源义经就可以以自卫为由起兵，行动就有了正当性。但实际上，当亲源赖朝的公卿藤原兼实企图暗杀源义经这个有功之臣时，源赖朝反而批评藤原兼实过于无情。

袭击源义经是临时起意

　　同月十六日，源义经再次强迫后白河院下旨讨伐源赖朝。第二日晚间发生的一件事似乎证明源义经的猜测是正确的。土佐房昌俊等人袭击了他的宅邸。源义经将其击退后，态度变得更加坚决。

　　这件事，不管是《吾妻镜》还是各种版本的《平家物语》，都说是源赖朝的意思。但真的是源赖朝指使的吗？实在令人生疑。藤原兼实在日记《玉叶》中说，如果源赖朝有意教训源义经的话，只要把源义经叫到镰仓就行了。实际上源赖朝基本上都是在镰仓肃清政敌的。比如，上总广常就是在源赖朝家里玩双陆①时被杀的，一条忠赖也是在源赖朝摆的宴席上被杀的。与这种方式相比，把刺客派到京都去暗杀已经做好严密防范的源义经，实在是大费周章。

　　有人据此主张，这次的刺客行动并不是要杀掉源义经，而是要激怒他，使其举兵。河内祥辅指出，刺客一行八十三骑，规模

---

① 双陆：日文写作"双六"，室内游戏，起源埃及或印度，奈良时代经由中国传入日本。

相当大，从镰仓到京都本来七天就够了，可这些人走了九天。所以他推测，源赖朝故意暴露刺客行踪，就是要挑衅源义经。

但是，镰仓胜长寿院落成仪式的时间是十月二十四日，就在所谓的袭击事件发生后不久。胜长寿院是为了给源赖朝父亲源义朝纳骨而修建的寺院。源赖朝计划通过为在平治之乱中横死的父亲举行供养法事，向内外宣告自己灭亡了平家，报了杀父之仇，复兴了源氏一族。同时，对于源赖朝而言，这也是提高自己作为武家栋梁的权威不可或缺的仪式。

那么，他在准备这项重要典礼的当头，有什么必要同时再施行一个让人不安的谋杀源义经的计划呢？菱沼一宪指出，在父亲源义朝的供养法事前夕，去谋杀其子源义经，于情理不通。即便不得不除掉源义经，也应该等到法事之后。另外，据《玉叶》记载，此次袭击有源义经身边的人接应，能做到这一步，就说明袭击并不是一开始就打算故意失败的。

经过上述分析可以看出，《吾妻镜》所述刺客们受源赖朝之命由镰仓去京都，这段记述本身就疑点重重。其书中刺客的行为之所以令人费解，与其说刺客们本就打算失败，目的是激怒源义经，倒不如说这些根本就是虚构出来的。《平家物语》又是如何描写的呢？据其所述，刺客们九月二十九日从镰仓出发，十月十日到达京都，结果直到十月十七日才发动袭击。其间刺客们无所事事，这也太奇怪了。也许十七日土佐房昌俊确实袭击了源义经，但是因为硬要把这说成是出自源赖朝的命令，所以前后的发展就对不上了。

菱沼一宪认为，根本没有十月十七日由镰仓派出刺客这件事，发动袭击的是在京都或者京都附近的武士。十月十三日，武士们得知了源义经举兵的计划，由于不认同此举，他们干脆自作主张袭击了源义经。恐怕这才是真相吧。正当源义经满世界吵嚷"源赖朝要杀我"的当口，正好发生了这次袭击事件，所以很多人才误认为袭击是源赖朝的主意吧。

《吾妻镜》成书于镰仓后期，有为北条氏执政辩护的倾向，因此不单非难傲慢的源义经，对冷酷地逼死战功卓绝的亲弟弟的源赖朝同样持批评态度，并认为两兄弟的冲突和之后源氏将军血脉的断绝也有关系（也就是说，源赖朝绝后是他自作自受）。为了支持这种主张，这本书才无中生有了这么一段"源赖朝派人刺杀源义经未遂"的故事来强调源赖朝的冷酷。

现实中，源赖朝完全可以以胜长寿院的法事为借口邀请源义经来镰仓。只要到了镰仓，质问其人也好，干脆抓起来也好，都不难。如果源义经不来，那么源赖朝也能以不孝为名对其实施打压。我们可以这样看当时的情况，源义经的武力已构成了威胁，对此，源赖朝一面回避军事冲突，一面寻找能使其屈服的方法。

后白河事先没想到源赖朝会如此愤怒

十月十八日，后白河法皇赐予源义经和源行家讨伐源赖朝的宣旨。藤原兼实主张源赖朝并无反意，反对发布宣旨，但是他的谏言未被采纳。

后白河法皇亲信高阶泰经曾对藤原兼实说过，源义经曾威胁后白河，如果得不到讨伐源赖朝的许可，那他就要强行将后白河法皇、后鸟羽天皇等人带到九州。如果藤原兼实在《玉叶》里的这条记述可信的话，那么讨伐源赖朝就不是后白河的本意，后白河只是被源义经胁迫的被害者。

不过，也有很多人认为泰经所言不过是为了说服藤原兼实等反对发布宣旨者，实际上恰恰是后白河煽动了源义经。这正是本书反复强调的"反客为主"的思维方式。

后白河虽然征询过兼实等人的意见，但最终还是听取了左大臣藤原经宗和内大臣藤原实定的意见决定发布宣旨，在这个过程中完全看不到后白河曾试图争取公家社会统一意见的迹象。从这点看，将泰经的话解释为说服亲赖朝派的说辞，不得不让人起疑。

进而，如果"讨伐的宣旨是源义经逼迫的产物"这个说法传出去的话，则名不正言不顺，对源义经来说起不到什么好效果。实际上，源义经失败后，藤原兼实分析其原因为"发布讨伐宣旨不是法皇本人意思的传言广为流传，因此邻近的武士没有追随义经"。如果后白河真有煽动源义经的想法，那么他就不应该以"被胁迫"为由，而应该对下旨采取更积极的态度才合理。

藤原经宗说："如今京城里有实力的武士就义经一个。若拒绝义经而导致战争的话，无人可与其对抗。所以只能接受义经的要求。"后白河几次三番与在京武士敌对，屡遭软禁，这番说辞对他影响颇深。而且当年平氏逃离京城时，后白河自己虽然逃过一难，但安德天皇被平氏带到了西国，因此源义经"不然就把你带到九州"的恫吓，勾起了后白河的恐怖回忆。

高阶泰经告诉藤原兼实，"过去法皇两次被迫下旨讨伐源赖朝（一次被平氏胁迫，一次被源义仲胁迫），最后赖朝也没有计较"，因此主张被迫发布宣旨不会造成大问题。如果从源义经举兵的结果来看，这实在过于天真，但是公家这种参考以往经验来决定今后行动的想法，可以说再正常不过了。

由上述分析可知，后白河为了对抗源赖朝而支持源义经的观点实际上受到"后白河是阴谋家"这种先入观的影响。确实，尽管后白河被卷入保元之乱、平治之乱、治承三年政变、平家逃亡、法住寺合战等大小纷乱，但仍然屹立不倒。

而且，后白河还让源义经征讨过源义仲、平氏一门，最终灭亡了这两个威胁过自己的势力。源赖朝评价后白河为"日本国最大的天狗"的故事也广为人知。由此认为后白河为了主导政权，玩弄武士于股掌，令其相互厮杀，自己坐收渔翁之利，也就可以理解了。

但是如果我们仔细审视后白河的行动，根本就看不出他有什么长期的战略考虑。他的判断往往基于一时之需，且经常事与愿违。即便如此，他仍然稳坐其位。究其缘由，不过就是因为他占了个至高无上的位子。若说后白河要打造独立于源赖朝的军事势力，未免牵强，最合理的解释是他发布宣旨只是为了保全自身而做的便宜处置。

源义经的权力是空中楼阁

得到宣旨的源义经、源行家立刻开始招兵买马。源义经等人之所以在此时举兵，原因之一是东国武士都去镰仓参加胜长寿院的落成仪式，于是京都一带出现了军事真空。

因此也有源赖朝为了引诱源义经举兵才故意制造破绽的说法。本书第一章也介绍了一种类似的想法，那就是德川家康为了诱使石田三成起事，才强行发动了会津征伐。

但是后人已经知道了源义经的计划很快就失败了，这种说法不过是一种结果论罢了。若源义经在京都起事，又能集结一定力量的话，与其要好的奥州藤原氏就很有可能与其呼应。这么一来，源赖朝的镰仓政权就会陷入被源义经和奥州藤原氏夹攻的境地。很难想象源赖朝愿意冒这么大风险去迫使源义经发兵。

何况源赖朝策划胜长寿院落成仪典本是在与源义经交恶之前，若说此举为的是引源义经举兵，未免过于穿凿附会。如前文所述，胜长寿院法会无非就是找个借口让源义经来镰仓而已。源赖朝开始考虑惩处源义经是在八月源义经留任检非违使之后，但他想将源义经调出京都这个想法在此之前就有了。

不过几乎没有人响应源义经的号召。为何他作为讨伐了平氏的英雄却无法召集武士呢？

直属于源义经的兵力本就不值一提。他之所以有力量追讨平氏，无非在于成功地集结了当时畿内、西国的武士。但这并不是因为他的个人魅力。这些武士只不过基于反平氏这个共同的利害关系才与其结盟。

源义经能够指挥这些人，在于他身为源赖朝代官的地位，以及后白河法皇发布的讨伐平氏的宣旨。现如今，他与源赖朝势不两立，而且那一纸讨伐源赖朝的宣旨也只不过是他强迫后白河得来的。所以那些曾在他麾下参与讨伐平氏的人一个个离开了他，并不足为奇。

得知源义经、源行家反叛的源赖朝，在落成仪式结束后，立即命令御家人上京。但是聚集在镰仓的两千零九十六名御家人中，立即听命出发的不过五十八人。由此可见，东国武士对源义经还是心存忌惮的。

于是，源赖朝于二十九日亲自出马。源赖朝都已出动，御家人就不得不跟随前往了，他们很快就组成了一支大军。十一月一日，源赖朝率军在骏河国黄濑川（现静冈县骏东郡清水町）扎营。讽刺的是，这里正是源赖朝、源义经两兄弟垂泪相对①之处。

源赖朝可能会对与源义经冲突感到不安，但是他与东国武士的牢固关系是源义经所没有的。自伊豆起事以来，这些人多次随源赖朝出生入死，与其建立起了牢固的主从关系，远远超出源义经想象。反观畿内和西国武士害怕源赖朝大军来京，不仅没有集结在源义经周围，反而为了保全自身而讨伐源义经。

当然，源赖朝麾下的东国武士中也有为了保持自身独立性而不愿听命之人。但是源赖朝花了很长时间，要么将其肃清，要么使其屈服。而源义经还没有时间和畿内、西国的武士建立主从关系。

源义经与行家放弃了在京都迎击源赖朝部队的念头。十一月三日，为了重整旗鼓，他们离开京都，向九州出发，兵力只有可怜的二百骑。第二天，他们与在淀川（神崎川）河口的摄津国河尻布阵的当地武士太田赖基交战并取得了胜利。五日夜间，一行人从大物浦出航，遭遇风暴，船只破损，只得四散逃走。源义经四处流窜，最终寄身奥州平泉一带。

得知源义经离京后，源赖朝从黄濑川撤兵回镰仓，并派使者

---

① 1180 年（治承四年）10 月 20 日，为了讨伐仇敌平氏，在伊豆起兵的源赖朝与从奥州赶来的源义经在此初次见面，含泪相对，传为一时佳话。

到京都向后白河问责。结果得到了所谓的"文治敕许"。用教科书上的话来说，"朝廷承认源赖朝在全国设置守护①、地头的权力"，但是对敕许的具体内容，学界的分歧很大。因为与本书主旨没有太大关系，此处就不展开了。

　　再加上之后灭亡了收容源义经的奥州藤原氏，实现了全国的统一，从结果来看，源义经作乱一事给源赖朝带来了许多好处。但如果因此说源赖朝的行动都是有计划的，一开始就打算把源义经引入圈套，还是显得牵强。对于第一次建立武家政权的源赖朝来说，由于没有可资借鉴的前例，他必须不断摸索，规划未来是极其困难的。若想客观考察镰仓幕府成立过程，摘下"源赖朝是阴谋家"这副有色眼镜非常重要。

---

① 守护：镰仓、室町幕府时代的武家官职之一，以国为单位设置的军事指挥官、行政官。

第三章

阴谋不断的镰仓幕府史

第一节　源氏将军家绝后

源赖家真是暴君吗

　　众所周知，开创了镰仓幕府的源氏将军家系仅维持了三代三十年。其间，各种阴谋风起云涌。首先我们来看看镰仓幕府第二代将军源赖家的失势。

　　建久十年（1199 年 5 月改元正治）正月，源赖朝急死，其子源赖家继承镰仓殿（镰仓幕府最高权力者）之位。建仁三年（1203），源赖家患病，被北条氏废黜。

　　镰仓幕府准官方史书《吾妻镜》记载，源赖家放任左右专横跋扈，轻视前朝老臣，因而引起御家人不满，被他们抛弃。但《吾妻镜》成书于北条氏掌有镰仓幕府实权之时，有故意抹黑与北条氏不和的源赖家的嫌疑。比如书中有这样一则有名的故事，御家人间因土地问题起了纷争，源赖家罔顾各家理由，只在地图上画一直线，放言"大了小了，凭个人运气"。这简直就像编造出来的故事，并

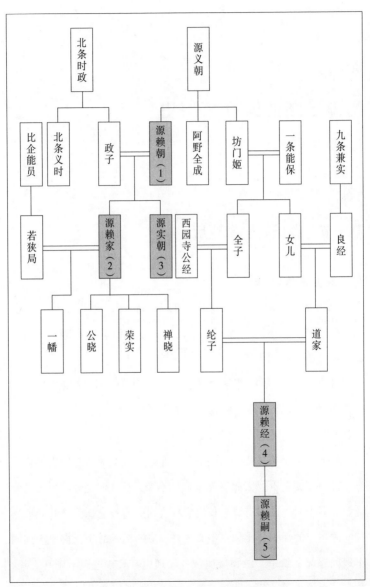

将军家谱。( )内数字是将军就任顺序

不可信。因此不能仅凭《吾妻镜》就下结论说源赖家是暴君。

　　所谓"十三人合议制"作为源赖家与有力御家人之间对立的开始而广为人知。据《吾妻镜》记载，建久十年四月十二日，幕府决定"废除诸诉讼由羽林（源赖家）直接裁断之规定"，之后由北条时政、北条义时（北条时政之子）、大江广元、三善康信、中原亲能、三浦义澄、八田知家、和田义盛、比企能员（比企尼之侄）、安达盛长、足立远元、梶原景时、二阶堂行政等十三人合议，共同处理政务。

　　十三人合议制是由有力御家人合议来决定幕府事务的政治制度，一直以来都被视作抑制源赖家独断专行的措施。但是，不管是前面提到的源赖家在地图上画线的故事，还是十三人合议制成立后发生的一些事情，无论好坏，都可以看到源赖家在政治上发挥作用的例子（除了《吾妻镜》，源赖家发布的文书也流传到了现在）。而且也找不到十三人全员到齐进行合议的事例。据近年的研究，所谓"十三人合议制"，实际是由其中数人评议后将结果呈给源赖家，最终由源赖家做决定。也就是说，被禁止的是这十三人以外的御家人直接向源赖家提交诉讼。

　　若各色人等皆能随意直接向源赖家提交诉讼，幕政就会产生混乱。从这个角度看，十三人合议制不是掣肘源赖家权力的产物，而是辅佐年少的源赖家的制度。不应因此就视源赖家与有力御家人之间产生了对立。

梶原景时之变

　　十三人合议制成立半年后的十月二十五日，源赖朝的乌帽子

子 [1] 结城朝光感念源赖朝，向其他御家人叹道："虽说忠臣不事二君，但我听从源赖朝遗言没有出家，现在后悔了。" [2] 二十七日，北条政子之妹，时任幕府女房（女官）的阿波局告知朝光："梶原景时向源赖家进谗言，说你那天所言是有意谋反，准备对你下手。"

　　大吃一惊的朝光找到朋友三浦义村商议如何是好。三浦义村招来其他御家人，写了一封联名弹劾梶原景时的书状。第二天，二十八日，三浦义村等人将弹劾状交予大江广元，后者踟蹰道："景时的谗言确实不妥，但他为赖朝所器重，惩处他也不妥当。"他试图找出一个和平解决的方案。但到了十一月十日，大江广元被和田义盛强迫，无奈之下只得答应将弹劾状上呈源赖家。十三日，源赖家要求梶原景时解释，梶原景时却不发一言，带领一族郎党 [3] 退到其大本营相模国一宫（现神奈川县寒川町）。

　　此行动可能是为了表示清白。十二月九日，梶原景时暂时返回镰仓。但是御家人经多次商议，十八日决定将其赶出镰仓。次年，正治二年（1200）正月十九日夜，梶原景时带领子嗣悄然离开一宫。幕府认为他们为了谋反准备上京，于是派兵讨伐。不过还没等幕府军追上，梶原景时一行人就在骏河国清见关（现静冈县静冈市清水区）被当地武士讨伐。这就是《吾妻镜》所载梶原景时之变的概要。

---

① 乌帽子子：日本中世武家在成人礼时，作为礼仪，男孩子须加冠乌帽子，男孩子为乌帽子子，加冠之人为乌帽子亲。
② 结城朝光本想在赖朝死后出家为赖朝祈祷冥福，后来听从赖朝遗言没有出家，继续辅佐源赖家。所谓"忠臣不事二君"，即赖朝、赖家二君。
③ 郎党：日本中世武家社会，主家一族及其仆从。

此事颇多蹊跷，甚至连是否真的发生了梶原景时诬告朝光一事还未有定论。如前文所述，引发骚动的阿波局是政子的妹妹，袭击梶原景时一行人的骏河国守护是政子的父亲北条时政。整个事件可以看作北条氏为了将梶原景时打倒而设下的圈套。

另外，《愚管抄》还说，梶原景时自诩源赖家"第一心腹"，瞧不起其他御家人，因而遭他们排斥。《玉叶》也记载，遭御家人憎恶的梶原景时向源赖家进谗言"他人有拥立赖家之弟千幡（后来的源实朝）谋反的迹象"，但谎言暴露，被赶出镰仓。

到底是梶原景时陷害同僚，还是他才是真正的受害者呢？此事实难分辨。但毫无疑问，他在御家人集团里树敌颇多。不过这大概不是因为他的性格，而是因为他作为镰仓殿亲信的地位。源赖家本想和父亲源赖朝一样，用独裁的方式左右幕府事务，但这直接侵害了御家人的既得利益。梶原景时作为源赖家的左膀右臂，与其他御家人的冲突在所难免。

梶原景时在政治上的人脉也成问题。本乡和人指出，梶原景时与当时朝廷中权势最大的源通亲过从甚密。藤原兼实在日记《玉叶》中表达了对梶原景时之死的喜悦，就是基于梶原景时与自己最大的政敌通亲的密切关系。大江广元之所以不敢贸然弹劾梶原景时，恐怕也是忌惮他和通亲的关系吧。梶原景时曾与源赖朝交涉，从而救下了城长茂、藤原隆衡等在治承·寿永内乱中支持平氏的人。梶原景时死后一年，这些人为了替他复仇又举起了反幕府的旗帜。

与朝廷关系紧密，在原来的平氏阵营武士中有强大影响力，梶原景时的这种形象与过去的源义经高度重合。东国武士与梶原景时合不来也就不奇怪了。

慈圆在《愚管抄》中评论道，未能保全心腹梶原景时是源赖家最大的失策。但失去梶原景时后的源赖家并未坐以待毙，他也采取了反击，这就是阿野全成事件。

阿野全成是源赖朝同父异母弟，娶了阿波局为妻。也就是说，他是北条时政的女婿。他本人又是千幡的乳父。北条时政与阿野全成暗中策划以千幡取代源赖家，成为将军。不料，建仁三年（1203），源赖家先发制人，派军队以谋反之名逮捕了阿野全成，将其发配到常陆国。六月，全成在流放地被处死，其子赖全也于七月在京都被杀。

源赖家还想逮捕阿波局，但被生母同时也是阿波局姐姐的北条政子阻止。无论如何，处死作为千幡后盾的阿野全成后，千幡的处境迅速恶化。可以说，至此，源赖家打了一场漂亮仗。

北条时政才是"比企能员之变"的幕后黑手

建仁三年七月，源赖家病重，八月末眼看将不久于人世，紧接着九月就发生了比企氏之变。

比企氏之变是怎样的一件事呢？据《吾妻镜》记载，由于源赖家病重，幕府内部开始商议继任者的问题，最后决定将权力分割，由源赖家嫡子一幡继承日本国总守护和关东二十八国总地头，源赖家之弟千幡继承关西三十八国总地头。源赖家的岳父，也就是一幡的外祖父比企能员对此安排不满。九月二日，他让女儿若狭局说服源赖家不要分家，于是源赖家将他招到病床前，二人秘密商议讨伐北条氏的计划。

不料，北条政子隔窗偷听到二人谈话，匆忙告知父亲北条时政。北条时政在得到大江广元的支持后，假借供养药师佛之名邀能员来自家。还不知道密议已经泄露的比企能元，不顾族人"太过危险了""至少穿上铠甲再去"的劝阻，带着几个随从就到了北条家，结果在那里遇害。得知能员死讯的比企一族躲进一幡的宅邸，但遭到北条政子派出的大军的攻击，与一幡一起灭亡了。

五日，源赖家病情稍微好转，得知儿子与舅舅的死讯后大怒，想要讨伐北条时政，结果以失败告终。七日，北条政子逼其出家。二十九日，源赖家被送往伊豆修善寺软禁。第二年，元久元年（1204）七月十八日，源赖家被北条氏派出的刺客暗杀于修善寺，时年二十三岁。

以上《吾妻镜》所述比企氏之变的概要，怎么看都有许多不自然的地方。北条政子在窗外偶然听得二人商议一幕，仿佛蹩脚的侦探剧一般，很难认为就是事实。正在策划除掉北条氏的比企能员会毫无防备赴敌之会，同样令人匪夷所思。

《愚管抄》所述与《吾妻镜》大相径庭。源赖家因病重欲把将军之位让给一幡，但北条时政担心一幡外祖父比企能员由此权势大涨，于是把他约出来谋杀了，而后又派兵欲杀一幡。一幡母亲若狭局抱着一幡远遁，留下的族人全部横死。源赖家病情好转后得知此事大怒，手持太刀要站起来，但被北条政子阻止，软禁于修禅寺①。十一月，一幡被捕，遭北条氏手下杀害。

按《愚管抄》的说法，源赖家和比企能员并未计划讨伐北条时政，反而是北条时政企图讨伐比企能员。这或许更接近真相吧。

---

① 修禅寺：即修善寺，日语中"禅"和"善"读音相同。

　　源赖家病死的情况下，嫡男一幡继承是顺理成章的事情。六岁的一幡确实年幼，但千幡也不过十一岁，舍一幡而令千幡继承，或者分割继承，都于理不通。一幡成为镰仓殿的话，比企能员自然就能以外戚的身份行使权力，因此他并没有举兵的动机。不如说北条时政一方才需要通过政变来挽回局势。又是"加害者（攻击者）与被害者（防御者）立场颠倒"的模式。

　　难道此事件的策划者真是北条时政？带着这个问题，我们注意到同时代史料《猪熊关白记》（藤原家实日记）里的一段话。据日记记载，建仁三年九月七日早上，幕府使者到达京都，上奏"九月一日源赖家病死，希望能任命源赖家之弟千幡为征夷大将军"。"因源赖家去世，以千幡为将军"这话，在藤原定家的《明月记》和白川业资的《业资日记》等日记里也看得到，就是说幕府的确向朝廷报告了源赖家之死。

　　后鸟羽院接受了幕府的请求，赐名千幡为"源实朝"，任命他为征夷大将军。这里的时间值得注意。源赖朝去世的消息传到京都是九月七日（实际上这时他还活着）。石井进指出，考虑到当时的移动速度，使者应该是在九月一日或二日从镰仓出发的。据此可以认为，北条时政在这个时候已经决定要杀掉源赖家、一幡、比企能员（九月二日死亡）了。并不是北条时政事前察觉比企能员有阴谋才反击的，而是北条时政本人就是阴谋的发起者。

　　另外，北条时政之子北条时房当时是源赖家的亲信，源赖家失势后，他不仅未被牵连，反而在北条家中担当了大任。石井进推测，北条时房应该是北条时政送到源赖家身旁的间谍，由此可见北条时政计划之周密。

北条时政，聪明反被聪明误 —— "牧氏事件"

灭亡了比企一族后，北条时政拥立源实朝为将军，掌握了幕府实权。可是到了元久二年（1205），他也迎来了落魄之日。下面将简述此事的经过。

元久元年十一月，北条时政的续弦牧之方的女婿平贺朝雅与畠山重保在酒席上起了争执，畠山重保是曾为建立幕府立下大功而且在武藏国内颇有实力的武士畠山重忠的嫡子。经旁人劝解，酒席上的争执暂时压下去了，可是平贺朝雅并不是个说忘就忘的人。

次年六月二十一日，平贺朝雅通过牧之方向北条时政进谗言："畠山重忠有反意。"北条时政听了牧之方的枕边风，开始考虑诛杀畠山重忠父子，于是找来儿子义时、时房商量此事，二人反对道："畠山重忠是忠义之士，又是父亲的女婿①，确定他们确有谋反之意再行动也为时不晚。"但北条时政决心已定。

这时，畠山重保受亲戚稻毛重成之邀来到了镰仓。稻毛重成也是北条时政的女婿，他按照北条时政的指示将畠山重保招来。二十二日早，畠山重保受命与三名家丁一道前往由比滨捉拿反贼，在那里被北条时政派去的三浦义村的部队捕杀。

畠山重忠从稻毛重成那里得到"镰仓有变，速来"的消息，率兵赶往镰仓。途中在二俣川（现神奈川县横滨市旭区）附近得知畠山重保被杀，自己也被当成反贼将要被讨伐。他拒绝了返回根据地的意见，说道"我不想像景时那样，在逃跑的路上被人杀掉"，于是挥师迎击幕府大军，堂堂正正战死沙场。

---

① 畠山重忠再婚时，娶了北条时政之女。

北条义时消灭畠山重忠回到镰仓后，诘问北条时政："畠山重忠的弟弟和其他亲戚几乎都不在现场，跟随畠山重忠的只有百余人，畠山重忠谋反的消息果然是伪造的。"诸如"畠山重忠是被冤杀的"之类的评论一时甚嚣尘上，北条时政陷入窘境。于是，他将稻毛重成处死，并将所有过错都推到他的身上。

《吾妻镜》将此事的原因归结于平贺朝雅对畠山重保怀恨于心，而北条时政又对年轻的续弦言听计从，这样的描写相当富有戏剧性，但实际原因应该是政治上的对立。平贺朝雅时任武藏守，他和北条时政为了控制武藏地区的众多武士，必须铲除在武藏声望颇高的名门武士畠山重忠。但是北条时政的强硬做法引起幕府御家人的强烈不满。讨伐畠山重忠之后，将军源实朝的生母北条政子主持论功行赏，而北条时政被排除在外。北条政子、北条义时姐弟原本就对继母牧之方不满，至此双方彻底决裂。

北条时政被逼无奈，决定不顾一切豪赌一把，废掉源实朝，拥立平贺朝雅为将军。

平贺氏属于清和源氏义光一脉的武士（信浓源氏）。平贺朝雅父亲义信为人忠诚，平治之乱时曾追随败走东国的源义朝（源赖朝之父），在其后的治承·寿永内乱中，由于地理上的关系帮助过源义仲①，最后归顺了源赖朝。源赖朝对平贺义信青睐有加，将他列为源氏一门之首，也就是御家人中的首席。不要说北条时政，就连源范赖的地位也不及他。义信之子平贺朝雅除了被封为武藏

① 平治之乱义朝战败后，义信跟随他逃亡东国，在听说义朝的死讯后，又逃回根据地信浓国平贺乡。治承·寿永内乱时，源义仲在信浓起兵讨伐平氏，在地理上离义信的根据地很近。

守，还兼任京都守护的要职，并且深受后鸟羽院的信任。所以，北条时政拥立平贺朝雅为将军的想法有一定的可行性。

不承想阴谋提前败露。闰七月十九日，御家人奉北条政子之命将源实朝从北条时政的府邸带出，送入北条义时家里。北条时政的家臣见此，纷纷投奔北条义时，孤立无援的北条时政不得不出家为僧。次日，二十日，北条义时就任执权职（辅佐将军的官职），并向京都派出使者，命令在京的御家人讨伐平贺朝雅。同日，北条时政离开镰仓回到出生地伊豆国北条，之后再也没有重返权力中心。二十六日，平贺雅朝在京都被杀。拉拢了将军生母北条政子，身边还握有源实朝，至此北条义时可以说已大获全胜。

为何北条义时会背叛父亲北条时政并将其流放？对牧之方和逼死畠山重忠之事感到不满可能是一个原因，但归根结底还是家族继承人问题。北条时政原本考虑的继承者不是北条义时，而是牧之方所生的北条政范，不过后者死于元久元年（1204）十一月，年仅十六岁。有研究者认为，北条政范之死给了北条时政、牧之方很大打击，二人因此才头脑发热地做出了诛杀畠山重忠的愚蠢决定。

第二人选是北条义时的次男北条朝时。朝时之母是早已过世的比企朝宗的女儿，比企朝宗是比企尼的儿子。如今比企氏灭族，有资格继承其家族广大领地的只有北条朝时一人，北条时政为了能够顺利获得比企氏的遗产，计划让孙儿朝时作为自己的继承人。

另据细川重男的研究，北条义时从北条氏本家分出，另立一支江间家。北条时政失势后，北条义时成为北条氏当主，他又将长子泰时立为自己的继承人。因此，牧氏事件也有旁支江间家夺取北条氏本家的一面。

暗杀源实朝的黑幕

建保七年（1219 年 4 月改元承久）正月二十七日，镰仓幕府第三代将军源实朝被哥哥源赖家之子源公晓暗杀于鹤冈八幡宫。源公晓喊着"替父报仇"刺死了源实朝，但源赖家去世时，源实朝年仅十三岁，命令不太可能是他下达的。同日，源公晓被三浦义村派出的刺客杀死，他的动机也就成了一个谜。该事件就像肯尼迪遇刺一样，是一起被谜团包围的暗杀事件。一年多后，源公晓的弟弟源禅晓遇刺，源赖朝的直系男性子孙全部去世（源公晓还有一个弟弟源荣实，在建保二年被杀）。学界通常认为，源氏将军家的香火至此断绝。

史书《吾妻镜》和《愚管抄》记载，源公晓杀了源实朝后，派使者给三浦义村传话："我要当征夷大将军了，你准备一下。"结果三浦义村假装听从，一边通报北条义时，一边派家臣杀了源公晓。这样的话，源公晓就是出于取代源实朝成为将军的野心而实行暗杀的。源实朝没有后代，他如果死了，二十岁的源公晓作为源赖朝和北条政子的孙辈，确实是最有可能的人选。

但不管血缘如何正统，暗杀在位将军的人很难顺利成为下一任将军。源公晓如果真的想当将军，那就不可能是单独行动，事先应该得到了有实力的御家人的支持才对。

暗杀源实朝的幕后主使究竟是谁？一般认为是北条义时。按此说法，这件事就变成了北条义时唆使年轻气盛的源公晓杀掉源实朝，之后又让盟友三浦义村除掉源公晓。

这种说法看似有理，但北条义时的动机何在？北条氏本来不过是伊豆国的一个中等规模的豪族，之所以能成为御家人的首席，无非是仗着与源氏的姻亲关系。特别是源赖朝死后，北条政子作为将军生母对幕政拥有巨大的影响力，她的弟弟北条义时也趁机获得了更大的权力。杀掉源实朝和源公晓，使源氏将军家绝后，对北条家族来说，是一次十分危险的赌博。

而且，源氏将军家绝后，紧接着谁来当将军就成了一道难题。源实朝被杀次月，阿野时元（阿野全成之子）觊觎将军之位举兵，被北条义时剿灭。与此同时，幕府派使者去京都，希望迎立后鸟羽院的皇子到镰仓当将军，遭到后鸟羽院拒绝。幕府与朝廷进行了艰苦的交涉，最后达成共识，迎立源赖朝的远亲三寅（后来的九条赖经）去镰仓。六月末，三寅从京都出发，七月十九日到达镰仓。不想，七月十三日，源赖茂（源赖政之孙）为夺将军之位在京都举兵。暗杀源实朝带来的一连串事件使幕府陷入动荡，北条氏为此大伤脑筋。

以前对源实朝的看法是，他沉溺于和歌，是位有厌世倾向的将军。但近年的研究发现，他实际上对政务也很热心。源实朝渐渐长大，不再甘心当个摆设，北条义时因此感到碍事，这种可能性当然是存在的。但即使他想杀了源实朝，也没有必要让源公晓动手，再将源公晓杀掉，使源氏将军家绝后。从这点看，义时黑幕说是有问题的。

第二种是三浦义村说。暗杀了源实朝的源公晓曾寻求三浦义村的支持，所以人们就推论事前源公晓和三浦义村商量过暗杀计划。作家永井路子在小说《炎环》中提过这个说法，中世史研究者石井进对此持肯定态度，因此这个说法在学界也相当有名。

现实中，三浦义村之妻是源公晓的乳母，而且源公晓当时还在鹤冈八幡宫任别当一职，义村之子驹王丸（之后的光村）在鹤冈八幡宫做稚儿①，是源公晓的弟子。

据《吾妻镜》记载，义时本来预定要在源实朝身边捧剑，但是在源实朝动身前往鹤冈八幡宫前突感不适，就让源实朝的亲信源仲章顶替自己。源公晓不知道捧剑之人已经换了，他本来要杀的是北条义时，结果误杀了源仲章。《愚管抄》也明记源仲章被当作北条义时而遭误杀。如果这些记述属实，那么源公晓的目标就是将军源实朝和执权北条义时两个人了。将北条义时当作（替父报仇）的对象，于情于理都解释得通。

杀掉北条义时，获益最大的人就是势力仅次于义时的三浦义村。也就是说，三浦义村想让源公晓杀掉源实朝和北条义时，然后立源公晓为将军，取代执权北条氏掌握幕府实权。谁知北条义时察觉了危险，躲过一劫，暗杀失败。于是三浦义村为了封口，谋杀了源公晓。这就是永井路子的推断。

这种说法听起来比义时黑幕说更有道理，但是诚如山本幸司所言，三浦义村有没有这么大的野心是个问题。之后的承久之乱也好，伊贺氏之变也好，三浦义村始终拥护幕府既有体制，完全看不出从北条氏手中夺取政权的想法和气魄。

第三种是后鸟羽上皇说。这种说法把两年之后的承久之乱与此事联系在一起，认为后鸟羽院为了弱化幕府才操纵源公晓谋杀源实朝。但是源实朝对后鸟羽院很忠诚，反而是后鸟羽试图通过源实朝来操纵幕府的观点更容易被人接受。可以说，就是因为失

---

① 稚儿：在寺庙中做杂务的男童，往往成为男色的对象。

去了源实朝，后鸟羽才采取了倒幕这样激进的举动。

　　总而言之，无论哪种说法都没有决定性的证据。尽管如此，本书还是想再多说几句义时黑幕说。《吾妻镜》有为北条氏执掌幕府（也就是"执权政治"）的正当性辩护的倾向，因此不能盲目相信。但是，正如石井进所言，"对于《吾妻镜》的这种批评态度，往往使很多人将此书的内容反过来理解，把北条氏执权政治的成立看成一连串险恶阴谋成功的过程，这种倾向的解读也不能说就是正确的"。从执权政治成立这个结果倒推，认为历史都是按照北条氏的设想发展的，这种思维方式就是"阴谋论"。关于这个问题，下一节将进一步详述。

第二节　北条得宗家与阴谋

执权与将军的对立

　　伴随承久之乱的胜利，北条氏得以主导幕政。正如教科书中所载，北条义时之后的第三代执权北条泰时进行了一系列幕府机构改革，他设置了连署①、评定众②，并制定了御成败式目③。

　　仁治三年（1242）六月十五日，执权北条泰时去世，他的嫡男北条时氏、次男北条时实也已不在人世，所以嫡孙北条经时就任执权。教科书几乎不提北条经时，所以往往给人留下北条氏的

---

① 连署：辅佐执权的官职。
② 评定众：官职，与执权、连署一同合议，内容包括一般政务及诉讼。
③ 御成败式目：镰仓幕府的基本法。

权力仍在扩大的印象，但其实北条得宗[1]家（北条氏正宗、泰时一脉）此时迎来了最大的危机。

幼时就来到镰仓的三寅此时已长大成人，成为将军九条赖经。北条经时年方十九，比二十五岁的将军还要年轻，同时也缺少权威。这从将军家的政所[2]排名上可见一斑。所谓将军家政所是隶属于将军的家政机关，执权也是构成政所执行机关的别当中的一人。而年轻的北条经时在六位别当中排名第五，与北条泰时位列别当首席的地位相比，他的地位下降可谓一目了然了。

看到北条得宗家的影响力动摇，本来并没有实权的将军赖经开始动夺回权力的脑筋。一直以来被北条得宗家压了一头的其他有实力的御家人也开始向赖经靠拢，企图瓦解执权政治。于此，执权势力与将军势力的角力图显形。

据村井章介和高桥慎一朗的研究，镰仓幕府政权运营中枢的评定众当时有十八人，其中执权派五人，将军派五人，在数量上势均力敌（其余为中间派）。

宽元二年（1244）四月，赖经以天变为由，将将军一职让给嫡男赖嗣（六岁）。当时，人们认为天地异动是由于统治者无德，有时统治者会因此退位。但是遍审当时的史料，都找不出有迫使将军不得不辞职的天变的记载。这事的真相恐怕是北条经时担心以赖经为首的反得宗势力聚集而强迫赖经让位的吧。

但赖经隐居后被称为"大殿"，仍然保持着政治影响力。实际

---

① 得宗：又写作"德宗"，执权北条氏当家者的别号。
② 政所：政务机关，以一般政务、财务为主要工作内容。

上，赖经退位后，赖经派的三浦光村和千叶秀胤成为新的评定众，政局反而更加紧张。

时赖在危机中就任执权

宽元三年（1245）七月，北条经时将妹妹桧皮姬（十六岁）嫁给赖嗣。之所以给赖嗣硬塞了这么一位年龄差距近十岁的大姐姐为妻，北条经时大概是想取得现任将军的大舅哥的地位，以此来对抗现任将军的生父赖经。

可是到了次年，宽元四年三月二十一日，北条经时病重。这是在与将军派的暗斗中劳心劳力的恶果。二十三日，在经时府邸举行了决定下一任执权的秘密会议。参加者不明，估计以北条一门为主。会议决定由北条经时的弟弟北条时赖（二十岁）接任。北条经时虽然还有两个儿子，但都还年幼，因此被认为不足以在此难局中担当大任。

还有个名越光时，他虽然不是评定众，但其举动也颇值得玩味。名越光时是北条朝时的嫡子。上节提到过，北条氏嫡流本来不是泰时而是朝时，这个光时因此以正统自居。他不是没能当上辅佐执权的评定众，而是不当。作为赖经派的头号人物，他一直在等待机会将得宗家掀翻在地。

四月十九日，北条经时出家，次月闰四月一日去世，年仅二十三岁。同月十八日夜，全副武装的武士在镰仓的街道上来回走动，惹起了一阵骚动。之后周边的御家人聚集到镰仓，镰仓还不断发生其他的骚动。政变随时可能爆发。

宫骚动

五月二十二日寅时（早上四点左右），执权北条时赖的伯父安达义景位于甘绳的住所附近发生了骚动。安达氏在之后的宝治合战中是主战派领袖，以此推论的话，这场骚动可看作安达义景正在准备对赖经派先发制人。

二十四日，镰仓有流言说名越光时要造反。北条时赖闻言，命家臣涩谷一族在位于若宫大路的名为"中下马"的路口设防。从中下马可以通往镰仓到三浦方向的门户小坪口。永井晋认为这是为了防范赖经派的三浦氏挥军突入镰仓的措施。

在中下马，除了北条时赖派的人，其他要去赖经住处的人都被拦下了。北条时赖发布戒严令，把赖经孤立在住所。次日二十五日，北条时赖集结大军守护自己的住处。赖经大惊失色，派人去向北条时赖解释，但为时已晚，使者被赶回，未能见到北条时赖。

在将军御所任职的名越光时闻知异变，虽然成功逃出御所，但未能与自己人会合，结果只得出家为僧，向北条时赖投降。就这样，取得了先机的执权北条时赖确立了胜局。

名越光时之弟名越时幸也认罪、出家。《吾妻镜》称名越时幸不久后就病死了，但京都的公家叶室定嗣在日记《叶黄记》中记载名越时幸为自杀。恐怕《叶黄记》的记述更接近真相吧。名越时幸是比名越光时更强硬的反时赖派，因此被追究责任。但是为北条得宗家辩护的《吾妻镜》，为了凸显北条时赖的宽大，把死因改写为病死。

名越光时其他的弟弟（名越时章、名越时长、名越时兼）否认参与了阴谋，北条时赖也没问罪。有可能北条时赖为了瓦解名越家族，提前就在其内部做了一些工作。如果北条时赖表现出要消灭名越一族的姿态，那么名越一族即使处于劣势，也会顽抗到底。这样的话，即使北条时赖最终还是能够胜利，也免不了付出不小的代价。所以他提出名越光时出家、名越时幸自杀这样最低限度的处罚决定，避免了与名越氏的全面冲突。

但是令人不安的因素仍然存在，那就是实力仅次于北条氏的三浦氏的动向。三浦氏仍未表明态度。三浦氏的当主泰村是北条时赖派，而其弟光村则是赖经派，因此三浦一族仍有可能成为敌对方。五月二十六日，时赖派的北条政村、金泽（北条）实时、安达义景聚于北条时赖府邸，大概就是为了商议如何对付三浦氏。

六月六日，三浦家村（三浦泰村、三浦光村之弟）向北条时赖的家臣表示"三浦一族没有参与阴谋"。北条时赖得知三浦氏不会起兵后，于七日解除了赖经派的后藤基纲、狩野为佐、千叶秀胤、三善康持的评定众职务。十三日，又决定将名越光时流放伊豆，将千叶秀胤流放上总，让大殿九条赖经返回京都（实际是赶回京都）。这一连串的政变，世人称为"宫骚动"。

那么，名越光时等将军派确实有意谋反吗？还是说北条时赖为了扫除反对派而故意陷害呢？从颁布戒严令等北条时赖的迅速反应来看，确实让人不禁联想这都是他陷害光时的阴谋。但是宽元四年五月，北条时赖刚刚上任，对赖经派而言，这确实是个发动政变的好机会。而对于北条时赖而言，等自己站稳脚跟后再对付赖经派更为有利，没有必要急着将其剿灭。对名越氏、三浦氏的处分也留有余地，由此也可以看出，此时的北条时赖并没有与赖经派全面对抗的自信。

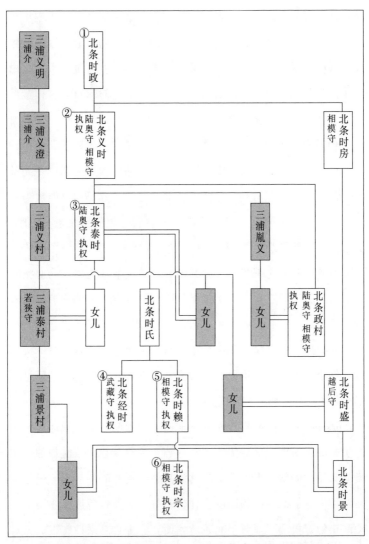

三浦氏与北条得宗家关系图。图内数字表示得宗继承顺序

如前文所述，镰仓幕府的政治史动辄被描述为"北条得宗家的阴谋史"。但这包含着已经知道结果的后世历史学家的偏见。为了不陷入阴谋论的窠臼，我们需要以更谨慎的态度解读幕府内的政治斗争。

对立的三浦氏与安达氏

北条时赖将对将军派的打压控制在最小限度，以期早日稳定局面。讽刺的是，正是这样的稳健策略使局势再度生变。

宽元四年七月十一日，九条赖经从镰仓出发，二十八日到达京都。八月十二日，护送赖经的武士回到镰仓。但是负责护送任务的北条时定（时房之子，时赖妹夫）报告了一件让北条时赖震惊的消息。参与护送任务的三浦光村，在与赖经临别之际号啕大哭道："一定再将您迎回镰仓。"由于北条时赖是不可能允许赖经回来的，光村这样说等于宣告要颠覆北条时赖的政权。

九月一日，北条时赖提出让正在京都当六波罗探题①的北条重时回镰仓担任连署（辅佐执权的官职），但三浦泰村担心自己的权力被削弱而反对此事。永井晋推测，招回北条重时是为了逐步让三浦泰村引退。可以说这推测是有道理的。只要三浦氏仍然握有大权，那么赖经派就有可能依靠三浦氏再次谋反。招回重时并让泰村引退，明确北条氏和三浦氏的地位差距，才能使局势稳定。但是三浦泰村不愿把辅佐北条时赖的职位让给别人。

宝治元年（1247）正月一日，幕府举行例行的垸饭仪式。所

---

① 六波罗探题：镰仓幕府设在京都的官职，管理京都政务，监视朝廷。

谓垸饭，是御家人向将军献上礼物，确认主从关系的一种仪式。当时的沙汰人（最高责任者）是执权北条时赖，御剑役是北条政村，御调度役是三浦光村，御行腾役是三浦重澄（三浦义村之弟）[①]。由此可见，虽然三浦氏有参与宫骚动的嫌疑，但仍然维持着仅次于北条氏的御家人次席的地位。

四月四日，在高野山出家的安达景盛（入道觉智）回到镰仓。他连日拜访北条时赖，大概是劝说他对三浦氏下手吧。不过北条时赖并未应允。同月十一日，安达景盛斥责儿子义景和孙子泰盛："三浦一族夸耀武力，举止旁若无人。放任不管的话，安达氏就要被他们压下去了。早就该想办法教训他们了，你们却没有战斗的决心，这是怎么回事？"

为何安达景盛如此敌视三浦氏呢？实际上，三浦泰村的妹妹嫁给了三代执权北条泰时，三浦泰村又娶了北条泰时的女儿。三浦泰村就是凭借着和执权北条泰时的这份关系，在泰时政权中占据重要地位。但是三浦泰村和北条时赖的关系却相当淡薄。与之相对，安达义景的妹妹是北条时赖的母亲，与得宗家关系最紧密的御家人由三浦氏变成了安达氏。但是三浦氏并不想将御家人次席的地位让给安达氏。简单来说，就是三浦氏与安达氏围绕北条得宗家外戚的地位结下了梁子。

被过分解读的时赖黑幕说

面对三浦氏和安达氏的对立，时赖又是什么态度呢？众所周

---

① 在垸饭仪式上，沙汰人是仪式的主持者，御剑役向将军献上太刀，御调度役向将军献上弓矢，御行腾役向将军献上马具，由他们代表御家人，确认与将军之间的主从关系。

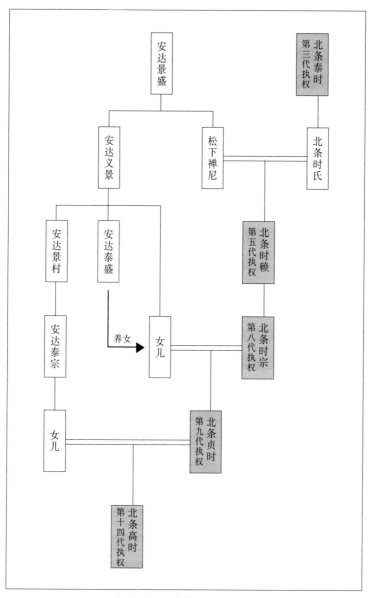

安达氏与北条得宗家关系图

知，三浦氏最终被消灭了，那么这是不是北条时赖主动而为的结果呢？

一般大家都是这样想的。石井进认为"北条时赖发觉评定众三浦光村参与了拥立九条赖经的阴谋，于是企图向当时幕府内与北条氏并肩的最大豪族三浦氏开战。在获得了外戚安达氏等的外援后，用尽挑衅、阴谋等手段把他们拖入战争，迫使三浦泰村为首一族近亲五百多人在安葬源赖朝的法华堂自杀"。村井章介的理解也是"（北条时赖）挑衅三浦氏，于宝治元年（1247）六月灭了泰村为首的三浦一族"。

但是，仔细审视这段时间北条时赖的行动，很难想象他当时已经决意要对三浦氏下手。五月六日，北条时赖将三浦泰村的次男驹石丸收为养子。同月十三日，将军赖嗣之妻，也就是北条时赖之妹桧皮姬病死，北条时赖因服丧而离开自己的宅邸。他没有去族人或者家臣宅邸，而是寄宿在三浦泰村家。他这一连串行动无不表明"自己仍信赖三浦泰村"。若说这"都是为了麻痹三浦氏"，未免有过度解读之嫌。诚如永井晋所言，"通说认为北条时赖主导了宝治合战，但单就《吾妻镜》的记述而言，倒不如说，时赖在回避合战"。

安达氏的挑衅和时赖的决断

安达氏是难以接受试图与三浦氏和解的北条时赖的动向的。一对一的话，安达氏可不是三浦氏的对手。与北条得宗家联手对抗三浦氏才是安达氏的基本战略。因此，三浦氏有谋反的嫌疑，这对安达氏来说，是不能放过的机会。于是安达氏对三浦氏进行了一系列挑衅。

五月十八日傍晚，天空中出现一发光物。同时，安达义景宅邸出现了一面白旗。白旗是源氏的旗帜，也就是说源赖朝的灵魂站在了安达氏这边。当然，这些奇景不会是自然发生的，肯定是安达氏策划的。同月二十一日，鹤冈八幡宫鸟居前立起了一个牌子，上面写着"三浦泰村骄奢欺人，背叛幕府，近日将受到惩罚"。这应该也是安达氏一派所为。若三浦氏果真上当起兵，就是对幕府的反逆，这样北条时赖也不得不讨伐三浦氏。

五月二十七日，住在三浦泰村宅邸的北条时赖听得宅内一阵阵武士披戴盔甲的声音，于是慌张地回到自己的住处。次日，北条时赖命部下打探三浦氏的消息，结果回报说，三浦氏正从安房和上总的领地收集兵器。

六月一日，北条时赖派佐佐木氏信去三浦泰村处，诘问为何会有谋反的传言。泰村否认道："现在的正五位下对我来说已经是受之有愧的无上荣光，哪可能有谋反的念想。"但是佐佐木氏信却在其宅邸内发现了大量兵器，于是将此情况报给了北条时赖。二日，大批御家人在北条时赖宅邸集结，战斗开始进入倒计时阶段。

六月三日，三浦泰村派使者辩解道："由于流言纷起，我为了提防才叫了些家臣来。如果您不放心的话，我就把他们遣散了。"实际上，三浦泰村纠集兵力很大程度上被认为是为了自卫。北条时赖也接受了这个说法。

六月五日，北条时赖派心腹平盛纲去往三浦泰村处，传达自己"对三浦氏并无恶意"之意。三浦泰村闻之大喜，写了回信，交给平盛纲带回。

自然，事情都闹到这个份上，也不可能完全宽恕三浦氏，否则北条时赖难免被视为软弱可欺。他可能在考虑让三浦泰村像宫骚动时的名越光时一样，出家以示屈服。

安达一族可不这么想，他们带着"如果实现和解的话，三浦氏怕是更不会把我们放在眼里了"的焦虑，攻击了三浦泰村宅邸，而泰村也只得迎战，结果在平盛纲回到北条时赖府邸之前战斗就开始了。无可奈何的北条时赖也只好出兵攻打三浦氏。

安达氏主谋说最合情理

以上的叙述引自《吾妻镜》。单看《吾妻镜》的话，北条时赖并不想和三浦氏发生冲突，但随着安达氏的妄动，他也无奈地被拖下了水。

不过前面多次强调过，《吾妻镜》是站在北条得宗家立场上的。因此，也有观点认为，以上内容不过是为了美化北条时赖，而将战争的责任全部推给了安达氏。这样就变成北条时赖利用安达氏了。先前介绍的石井进、村井章介即持此说。

但是，安达家虽然于1285年霜月骚动（见后文）失势，不过到了《吾妻镜》成书的1300年左右已经东山再起。恐怕《吾妻镜》也难以编造如此程度的毁谤之言。我认为《吾妻镜》主张的安达氏主谋说是靠得住的。

另外，如前文所述，北条时赖向三浦泰村送去和平使者，紧接着就转为攻势。从结果来看，这确实像是为了麻痹三浦氏的举动。实际上，江户时代的学者中，就有人指责北条时赖此举为欺骗。

不过战争既然已经开始了，犹豫下去只能陷最大的盟友安达氏于死地。最坏还可能导致反时赖派趁势纠集，北条时赖自身可能陷于万劫不复之地。北条时赖并不想设陷阱，而是不得已而为之，这样的理解也是言之成理的。

三浦兄弟意见不合导致失败

北条时赖前往将军御所，控制住将军赖嗣，以示大义名分在自己一方。但他怎么也攻打不下来三浦泰村府。情急之下，他想到了借助南风之力，于是在泰村府南邻放了一把火。这不禁令人想起了保元之乱。

三浦泰村被烟熏出府邸，躲进了北边的法华堂（源赖朝的坟墓所在地）。坚守在永福寺的三浦光村派人来找三浦泰村，提议到永福寺会合。但泰村已经失去了斗志，反而要求三浦光村来法华堂，"兄弟二人一起死在赖朝公的墓前吧"。光村听从泰村的命令，突破重围，奔向法华堂。最后，以三浦泰村、三浦光村兄弟为首的五百人在法华堂源赖朝的肖像前自尽。

六月八日，幕府召见法华堂法师。三浦泰村等人逃入法华堂时，他没来得及跑走，就躲在了天花板上，目击了三浦泰村临终时的一幕。据他所言，三浦光村当时狂怒道："赖经还是将军的时候，要是按照京都的九条道家（赖经之父）的密令起兵的话，我们三浦氏就可以取代北条氏成为执权了，可是兄长你优柔寡断，最后带着我们一族走向了灭亡。现在再怎么后悔都来不及了。"

三浦泰村则心平气和地说道："我三浦氏代代有功于镰仓幕府，以北条氏外戚的身份辅佐幕府，结果因时赖听信谗言而遭诛戮，实在可惜。迟早他也会后悔的吧。但是我们的父亲义村多次灭他族满门，现在这也算报应。既然一条腿已经踏进了鬼门关，也就不埋怨时赖了。”

从这里能看出，三浦泰村、三浦光村两兄弟的意见不一。三浦光村要借赖经的权威打倒北条氏，让兄长三浦泰村成为执权。而三浦泰村无论如何都坚持作为北条氏外戚维持在幕府内的权力。事到如今，三浦氏与北条氏的不同一目了然。御家人次席的三浦氏在一日之内就烟消云散，原因就在此。

从结果来看，北条时赖在宫骚动中消灭了名越氏，在宝治合战中消灭了三浦氏，成功地将敌人各个击破。但若说北条时赖从一开始就谋划了一切，那未免太高抬他了。

对“霜月骚动”评价的争论

继承了北条时赖确立的执权政治的是他的嫡男北条时宗，他为了对抗蒙古军进犯这一前所未有的事态，一步步将权力集中到自己身上。也许是因为力不从心吧，弘安七年（1284），三十四岁的北条时宗去世。

北条时宗死后，他的嫡男、年仅十三岁的北条贞时继任执权。由于北条一门里没有掌握实权的人物，幕政由有力御家人安达泰盛主导。不过，弘安八年（1285）十一月十七日，安达泰盛因谋反之嫌被执权北条贞时的重臣平赖纲消灭。追随安达泰盛的一族及御家人共五百人自尽，全国范围内的泰盛派也受到牵连，多人被逼自尽。这起事件史称“霜月骚动”。

学术界普遍认为霜月骚动是北条氏策划的阴谋，安达泰盛其实并无谋反之意。但是对于北条氏的动机，学术界众说纷纭，至今未有定论。

让我们来看看争论的概要。二战前的传统观点认为，霜月骚动是北条氏主导的排挤其他家族（梶原氏、和田氏、三浦氏）的行动的延续。

与之相对，佐藤进一对霜月骚动的历史意义给予较高的评价。他认为，霜月骚动是以安达泰盛为中心的御家人派与以平赖纲为中心的御内人（北条得宗家的家臣）派的冲突，前者在斗争中失败。而消灭了足以对抗北条氏的御家人后，得宗专制政治得以确立。长期以来，佐藤说占据了主流，日本史教科书中对霜月骚动的记述，基本上都是基于佐藤说的。另外，因为提出了很多令人耳目一新的见解而震惊了学术界的网野善彦也采纳了佐藤说。他认为，安达泰盛企图提高将军的权威以压制御内人派的专横。

村井章介进一步发展了佐藤说，主张霜月骚动不仅是权力斗争，还是政策之争——安达泰盛想借将军的权威推行后世称之为"弘安德政"的政治改革，结果被反对改革的平赖纲消灭。

五味文彦则反对佐藤进一和村井章介的看法。他认为，安达泰盛本人是得宗北条贞时外戚，与其说他希望恢复将军的地位，不如说他是拥护得宗专制政治的。按此说法，霜月骚动单纯是得宗政权内部的一次权力斗争。

本乡和人发展了村井说，反对五味说。他基于御内人大多同时也是御家人的事实（对佐藤说的批评），提出弘安德政试图将全国的武士都编入幕府御家人的序列中，这么一来就侵害了旧御家人的既得利益，因此遭到了平赖纲的反对。

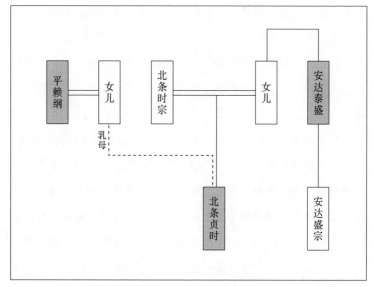

北条贞时与安达氏、平氏关系图

本书也无法解决此争论。不过网野善彦之后，对霜月骚动的评价事实上就和对弘安德政的评价等同起来，而对霜月骚动这一阴谋的内情分析几乎没有什么进展。将视线投入霜月骚动内情的是细川重男。他提出"霜月骚动到底是什么"这一问题，指出单单分析安达泰盛的政治立场和政策理念是不够的，还需要仔细观察骚动的整个经过。本书想将重点放在这个问题上。

霜月骚动的经过

这里将随着细川重男的研究思路，试着复原霜月骚动的经过。关于霜月骚动的史料非常少，石井进也指出"关于霜月骚动的经过，由于基本上没有留下什么史料，详情完全不得而知"，于是放弃继续探究。唯一记下了当时状况的一手资料是东大寺僧人凝然写在《梵纲戒本疏日珠钞》第三十卷背面的文书（所谓的"纸背文书"①）。

其中写道："据传奥州入道十七日巳时住于松上，其后由于世间骚动，于午时前往位于塔之辻的府邸，遭阻，死者三十人，伤者十人。"安达泰盛上午十点左右在松谷的别墅（甘绳本家宅邸已让给了儿子安达宗景）察觉出了异样的气氛，于是在正午时分到了位于塔之辻（靠近小町大路和横大路处）的宅邸。这是他在前往将军府邸前盥洗换装的地方。接着，他前往不远处的北条贞时宅邸，途中遇到平赖纲等人的军队阻击，结果三十人死，十人伤。最终，安达泰盛等五百名御家人自杀（《梵纲戒本疏日珠钞》纸背文书"弘安八年十一月十七日镰仓合战自尽者注文②"）。

按上面的记录，安达泰盛在霜月骚动中确实是死了，但是死法并不清楚。奥富敬之认为，要去北条贞时府邸的安达泰盛遇到了全副武装等在那里的平赖纲等人，被其暗杀。对此，细川重男批评道，奥富敬之依据的是错误颇多的军记物语《北条九代记》。以《北条九代记》为依据提出暗杀说确实有失严谨。

南基鹤认为，安达泰盛事前并未有政变的计划，反而是在局势不稳的情况下去探望幼主北条贞时的途中遇到了奇袭。安达泰盛应该确实无意谋反，但他遇到奇袭这种解释说得通吗？安达泰盛从十一月四日开始调伏祈祷③，完全看不出此时平赖纲为了策划

① 纸背文书：纸张是很贵重的物品，为了充分利用，会在已经用过的纸张的背后写字。在流传的过程中，后写的内容成为文书的主体，变成了纸面，而先写的那一面则成了纸背。所谓"纸背文书"成文早于纸面的文书。
② 注文：日本古文书的一种，人或物的明细表。这里是自杀者的名单。
③ 调伏祈祷：佛教仪式，意在降妖除魔。

奇袭而去麻痹他的举动。前述史料中有"其后由于世间骚动"一句，安达泰盛是已觉察出异常才去往位于塔之辻的宅邸的，实在很难想象他会毫无防备。

霜月骚动是正规战

细川重男氏否定了暗杀说和奇袭说，认为这是一场正规战。这里介绍他的根据。第一，即使从松谷迁回到塔之辻也就三公里，但是安达泰盛用了两个小时，用时过长。应该是泰盛带着部队缓慢前行。细川重男推测安达泰盛是在示威，以增加支持者。

第二，史料中也有安达氏一方奋战的记录。《梵纲戒本疏日珠钞》纸背的十一月二十一日书状中有："今夜飞脚①到达京都，报告说关东爆发合战，城入道（安达泰盛）父子皆受攻击，相州（北条贞时）逃跑。"②也就是说，战斗激烈到了京都那里都听说北条贞时逃亡的传闻。另外，《镰仓年代记里书③》里有将军御所失火的记录。平赖纲等人没有烧掉将军御所的理由，所以细川重男推测应该是安达泰盛放火烧了北条贞时府邸，然后火势延烧到了旁边的将军御所。这也证明，安达泰盛不是一味地被平赖纲攻击，也有反击之举。尽管挑起战端不是安达泰盛本意，但也不会束手就擒任由平赖纲摆布。他集结兵力攻击了平赖纲，因此可以认为这是一场正规战。也就是说，这次的事变与比企能员之变不同，而与宝治合战是同一类型。

---

① 飞脚：相当于信使。
② 原文为古日语，翻译成中文时对语序做了调整。
③ 里书：即纸背文书。古文书学中，文书的正面为"表"，背面为"里"。

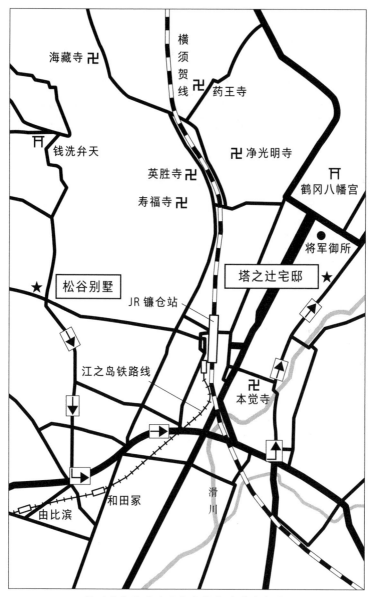

推测的霜月骚动时安达泰盛前进路线图。
在现代地图上描绘的进军路线（参考了角田朋彦制作的地图）

安达泰盛袭击了北条贞时的府邸（但被击退）。他想控制贞时以表示自己师出有名。安达泰盛在紧急状态下依靠的是得宗而不是将军，可见佐藤进一和村井章介的说法难以成立。

照着这个脉络来看，细川重男的推测很有说服力，但是还有一个疑问需要解决。前面说过，很多御家人是支持安达泰盛的，平赖纲此次实为险胜。带兵与安达泰盛正面冲突，对平赖纲来说风险很大。为什么他不采取暗杀或者奇袭这样更有把握的方法呢？实际上，消灭安达泰盛后垄断了幕政的平赖纲，就是在正应六年（1293）遭到主君北条贞时的奇袭而自尽（平禅门之乱）。平赖纲也应该有这样的选择才对。

我的推测是，平赖纲当时判断，如果使用暗杀、奇袭这样下作的手段，那么即使消灭了安达泰盛，也只会招致人们的反感，从而难以把控幕政。正如村井章介和本乡和人所指出的那样，安达泰盛是一个可以重整幕府，强硬地推行政治改革的优秀政治家。而平赖纲打倒泰盛的目的，不过是为了保护自己的既得利益。从正统性的角度来看，平赖纲所代表的守旧派，即抵抗势力是比不上泰盛派的。安达泰盛人望极高，为了将其打倒，除了需要确保将军、得宗在自己手里，还有必要让安达泰盛成为"贼军"。

不过，费尽心机除掉了安达泰盛的平赖纲，也遭遇了与泰盛相同的命运。他的正统性源自北条贞时，那么当北条贞时长大成人并开始有自己的政治主张时，平赖纲专政的正当性就消失了。这可以看作一个展示从阴谋中获得的权力是如何脆弱的好例子。

第四章

足利尊氏是阴谋家吗

第一节　推翻镰仓幕府的阴谋

后醍醐天皇的倒幕计划

众所周知，后醍醐天皇消灭镰仓幕府，建立了以天皇为中心的新政权（所谓的"建武新政"）。如果按照一般说法，后醍醐的倒幕计划充满了阴谋的味道。

文保二年（1318），后醍醐天皇即位。但他只是一个过渡的天皇，等他的外甥邦良亲王成人后就要将天皇之位让给邦良亲王，而他自己的皇子当不上天皇。承久之乱时，后鸟羽上皇败给了镰仓幕府，自此镰仓幕府取得了决定下一任天皇的权力。后醍醐若要让自己的儿子即位，就必须打倒镰仓幕府。

于是，元亨二年（1322），后醍醐借着为怀孕的中宫（后醍醐的正室西园寺禧子）祈福（御产祈祷）的名义，举行法事诅咒幕府。接着又对亲信日野资朝等说明了自己有倒幕的想法。他们游说武士和比较大的寺院，准备起兵，并举行了"无礼讲"[①]（这

---

① 无礼讲：不拘礼节的宴会酒席。

是日本史上第一次无礼讲），秘密商讨倒幕计划。

不承想，正中元年（1324）九月，参加了倒幕计划的武士土岐赖员担心计划不会成功，认为如果举兵必死无疑。他为将要和爱妻离别而感到悲伤，结果向妻子吐露了计划。其妻又告诉了父亲齐藤利行，后者又向六波罗探题告发，因此后醍醐的阴谋提前败露。九月十九日，幕府镇压了参与阴谋的武士。这起事件史称"正中之变"。

幕府未追究后醍醐的责任，仅仅将日野资朝流放佐渡。但后醍醐并未死心，于元弘元年（1331）八月再次举兵，史称"元弘之变"。之后历经坎坷，后醍醐终于在元弘三年成功倒幕。

漏洞百出的通说

上述通说大体是以叙述镰仓末至南北朝时代历史的军记物语《太平记》为依据的。该书强调了为倒幕而屡败屡战的后醍醐天皇的执念和不屈不挠的精神。只是通说令人生疑的地方实在太多。

《太平记》是以中宫御产祈祷在先，正中之变在后的时间顺序叙述的，但实际上中宫御产祈祷发生在正中之变之后。这不禁使人怀疑整篇记述的可信度。

《花园天皇日记》里也有日野资朝等举行无礼讲的记录，但是里面对所谓商议阴谋一事只字未提。花园上皇与后醍醐天皇在政治上对立，而花园上皇知道无礼讲一事很值得玩味。很难想象，后醍醐等人会特地在这么多人都知道的集会上商量如此重大的阴谋。

再者，正中之变中被处罚的武士不过数名而已，凭这点军事力量根本没有可能推翻幕府。

另外值得注意的是，《太平记》所述情节与本书第二章提到的鹿谷事件的经过非常相似。类似的情节有三：宴席上商议阴谋、不现实的计划、参加的武士泄密。实际上，《太平记》中让人觉得借鉴了《平家物语》情节的地方本来就很多。比如说，《太平记》提到在无礼讲上定下倒幕计划一节，有可能就是借鉴了《平家物语》中鹿谷会谈的情节进行的再创作。

还有一个根本性的问题。若说正中之变时后醍醐就已计划倒幕，那么他为什么在七年后才再次举兵（元弘之变）。这个问题，通说是无法解释的。当然，可以说就是因为第一次失败了，所以才多花了时间准备第二次。可实际情况是，元弘之变事先就被发觉，后醍醐被幕府流放到隐岐，陷入窘境。若说花了七年谋划，那这第二次计划实在准备得太粗糙了。

所谓正中之变是后醍醐天皇策划的倒幕阴谋的通说中，实在是有太多像上面这样的疑点了。

后醍醐不是幕后黑手而是被害者吗

河内祥辅注意到这些疑点，重新检讨了正中之变。他提出，如果后醍醐确实有策划倒幕的嫌疑，就不可能完全不被追究责任。

实际上，后醍醐对幕府申诉道："朕并未策划倒幕，这是一个陷害朕的阴谋。"一直以来这都被认为是后醍醐的借口，但河内祥辅认为现实中后醍醐就是被陷害的。正是因为幕府经过调查后认可了后醍醐的主张，后醍醐才没有被追究责任。这就是前面多次提到的"立场逆转"。

那么果真有人想陷害后醍醐吗？还真有。当时天皇家分为持明院统和大觉寺统两派，围绕天皇即位问题而对立（详见后叙）。之前提过，这个时代，幕府实际上掌握着皇位决定权，所以这两派为了得到幕府支持，竞相和幕府拉关系。

后醍醐属于大觉寺统一派，而持明院统一派则希望他早点退位，由持明院统担任天皇。大觉寺统内也有人希望他早点退位。后醍醐本身的定位只是大觉寺统的嫡传皇太子邦良亲王成年前的过渡天皇，他也一再被邦良阵营催促退位。

因此持明院统及大觉寺统邦良派都有可能为了让他退位而散布后醍醐在策划倒幕的流言。持明院统的嫌疑更大。后醍醐之父后宇多法皇驾崩仅三个月，后醍醐的倒幕计划就被"发觉"了。持明院统趁大觉寺统群龙无首之机搞出了正中之变也未可知。

那么为什么后醍醐心腹日野资朝又被流放了呢？河内祥辅推测，完全否定了后醍醐倒幕说之后，就不得不寻找谁陷害了后醍醐，否则朝廷将陷入混乱。这个思路是可以接受的。

后醍醐的倒幕计划只有一次而不是两次

嘉历元年（1326）三月，皇太子邦良亲王辞世，年仅二十七岁。可以举出的下一任皇太子人选有恒明亲王（后宇多之弟）、邦省亲王（邦良之弟）、尊良亲王（后醍醐长子）等，但幕府选择了持明院统的量仁亲王。

邦良死后三个月，后醍醐开始为中宫顺利产子举行祈祷法会。《太平记》记载，所谓祈祷不过是掩人耳目，实际上是为了压制关东（诅咒幕府）。但是河内祥辅否定了这种说法，认为后醍醐希望禧子能顺利产下皇子。因为禧子出身于上级贵族西园寺家，而西园寺家又与幕府关系亲密，她生下的皇子很可能被幕府选为下一任天皇。

这个时代，天皇亲政不是朝廷的常态，院政才是，因此后醍醐的皇子极有可能在年幼时就即位。这种情况下，后醍醐就可以以天皇父亲的身份实行院政，从而维持和强化自己的权力。

但是，禧子生的不是男孩，后醍醐不得不另想办法。冈野友彦认为，后醍醐的靠山是龟山上皇的皇女昭庆门院，然后他又将自己的期望寄托于乳父为上级贵族北畠亲房的世良亲王身上。

不料，元德二年（1330）九月，十八岁的世良亲王过世了。从之前的尊良亲王当不成天皇的例子就可以知道，世良以外的皇子因为生母的身份不够高，没有强有力的支持者，想要继承天皇位是非常困难的。后醍醐的"二次"倒幕计划被察觉就是在世良去世一年之后。

龟田俊和主张，后醍醐并非一开始就打算倒幕，而是在世良亲王去世后才放弃了正常的方法，采取了倒幕这种全盘皆输或皆赢的赌博手法。

早前就有人指出，后醍醐的倒幕计划如同儿戏。有些研究者以此为据认为后醍醐没有政治才能，这样的话，似乎就有必要怀疑"后醍醐从即位开始就策划倒幕"这种论调了。实际上，后醍醐曾经打算立第一皇子尊良亲王为太子，可以认为他本来希望得到幕府的支持而确立自己的皇统。如果还有其他选项，他不会去冒险尝试万一失败就万劫不复的计划。

《太平记》成书于后醍醐倒幕成功，继而建武政权倒台之后。

后人回视历史，把正中之变看成后醍醐的倒幕计划是情有可原的。后醍醐历经千难推翻幕府，却因为足利尊氏的反叛而失去政权，之后又拒绝向足利尊氏妥协，始终执着于天皇的地位，这样的形象给后世留下了深刻的印象。现实中探索与幕府合作的后醍醐，与后人心中独裁者的形象差距太大了。因此，后醍醐这种不妥协的专制君主的形象就被倒推回去，被塑造成从正中年间就开始尝试倒幕。

检讨反证文书《吉田定房奏状》

但是研究者发现了有力反驳上述说法的文书。那就是京都醍醐寺所传的《吉田定房奏状》。这是一篇受天皇咨询的廷臣陈述自己意见的文章，内容是劝谏天皇不要急着倒幕。因为是一份抄本，所以没有写明作者和写作时间。另外，由奏状的跋文可知，该奏状初稿写于"去年六月廿一日"，因此可以判定这份文章是修改稿。

至于是哪个天皇提出的咨询，文中并未注明，不过从内容判断，可以确定是后醍醐。问题是这篇文章作于何时。一开始人们认为是元德二年（1330），但是佐藤进一注意到第八条有"革命之今时"一句，进而提出文章作于正中元年（1324），就在正中之变发生前不久。他认为正中元年是甲子革令[①]之年（过去人们认为甲子年多变乱），"革命之今时"指的就是甲子年。

而村井章介则主张，如果按照"革命之今时"的字面意思解

---

① 甲子革令：受中国谶纬"辛酉革命""甲子革令（革政）"思想影响，明治维新以前，日本有在辛酉、甲子年改元以避祸的习惯。

释的话，应该把时间向前推到"辛酉革命"（过去人们认为在辛酉年会改朝换代）之年的元亨元年（1321）。这里就不复述村井章介做的详细考证了，他的结论是奏状初稿写于元应二年（1320），修改于元亨元年。

如果按照佐藤进一和村井章介的说法，那么后醍醐很早就开始计划倒幕，也就是说正中之变不是冤罪，事实上就是倒幕的阴谋。不过他们过于在意"革命"这个词了。

文中"于旅宿粗疏处持笔急书"一句也引起村井章介的注意，这表明是在京都以外的地方修改奏状的。这个发现虽说很有意义，但是引申到就是吉田定房于元亨元年去镰仓时所作就太牵强了。人们通常认为奏状的作者是吉田定房，只是因为他是后醍醐的近臣，多次向后醍醐谏言而已，并没有其他证据支持。但后醍醐的亲信不只他一人，难保不是其他人劝阻了倒幕。

河内祥辅彻底否定了佐藤进一和村井章介的说法。他指出跋文里提到原先保存在"禁中御调度"①里的奏状初稿最近被"仙洞"拿去了。"禁中"可以指天皇的住所或天皇本人，也就是说奏状初稿在后醍醐手里。"仙洞"可以指上皇的住所或上皇本人，当时有好几个人可以被如此称呼。村井章介认为这里指的是后醍醐的父亲后宇多法皇。但即使是父亲，恐怕也不能如此轻易地拿到这份可以证明后醍醐策划了倒幕的机密文件吧。

河内祥辅指出，奏状第十条也有"仙洞"一词，此处的"仙洞"指的是持明院统的后伏见上皇，因此他认为跋文中的"仙洞"

① 御调度：天皇皇宫内存放日用品的地方。

指的也是后伏见。那么，后伏见是怎么把这份可以证明后醍醐谋划倒幕的文件拿到手的呢？河内祥辅猜测，应当是在后醍醐不在京都的情况下。也就是说，奏状是在后醍醐于笠置山举兵的元弘之变（见前文）以后修改的。这倒是个很有说服力的见解。

另外，村井章介的说法不能很好地解释吉田定房为什么特地在旅途中修改奏状。村井章介强调，元亨元年，吉田定房为了让幕府同意停止后宇多院政（也就是让后醍醐开始亲政）而前往幕府，他认为吉田定房担心后醍醐亲政后会推动倒幕计划，所以才在旅途中再度写下奏状。但是，如果是为了劝阻倒幕计划，那么他在离开京都前动笔不是更容易沟通吗？

河内祥辅提出了一个值得思考的假说：有没有这样一个人，他是后醍醐的心腹，又在元弘之变后受后醍醐牵连而被流放，于是在流放地或者处刑地，抑或在流放途中，为证明清白（没有参与倒幕）而修改了这篇文章呢？

这种说法是否正确很难讲，不过佐藤进一和村井章介的说法确实存在很大漏洞。正中之变前，吉田定房是否曾劝谏过当时满脑子想着倒幕的后醍醐是值得怀疑的，元弘之变极可能并非第二次倒幕，而是第一次倒幕。

足利尊氏非源氏嫡流

后醍醐发动的元弘之变以失败告终，他本人被流放到隐岐。但反幕府势力逐渐壮大，将幕府逼入绝境。

其中，足利高氏（后改名为足利尊氏，以下统称足利尊氏）本为幕府的有力御家人，受命讨伐西日本的后醍醐。结果他与后醍醐暗通款曲，于元弘三年（1333）五月突然倒戈，取山阴道折返京都，攻陷了京都的六波罗探题。

这里顺便提一句，本来是出发讨伐西日本的敌对势力，却转头攻击京都，这种背叛行为和明智光秀如出一辙（见第六章）。不过明智光秀没有笑到最后，与其相比，足利尊氏成了征夷大将军，因此可以说足利尊氏的手段远超本能寺之变中的明智光秀，足利尊氏的背叛甚至可说是日本史上最大的背叛。

回到正题，足利尊氏为什么起心反叛呢？《太平记》记载，原因是足利尊氏怨恨幕府最高掌权者北条高时强迫自己出兵。元弘元年，后醍醐在笠置山举兵之际，足利尊氏正为父亲足利贞氏服丧，因此婉拒了出征的命令。但北条高时不许，强迫其出兵。到了元弘三年，足利尊氏再次被命出征。他称病拒绝，但未获准。这种种不合理待遇最终惹怒了足利尊氏，迫使他举起了反旗。这就是所谓的"怨恨说"。

然而正如清水克行所言，以此作为反叛的理由未免过于单薄。即使北条高时强迫其出兵是直接原因，也还是应该有其他更复杂的背景才对。

很多人认为足利尊氏自己就有夺取天下的野心。源义家在遗书中说"我要投胎于七代孙辈，夺取天下"，这封遗书传给了足利氏。足利尊氏的祖父足利家时慨叹自己身为七代孙却没有取得天下，于是向八幡神（源氏的氏神）许愿"请缩短我的性命，让三代人中出个夺取天下之人"，然后自尽于神明之前，而足利尊氏、足利直义兄弟看到了足利家时的许愿文（以上内容出自《难太平记》）。简而言之，足利尊氏看到了祖父足利家时的许愿文，了解了他的遗憾，决心继承遗志，夺取天下。这就是所谓的"野心说"。

这种说法其实很难让人信服。虽然源义家是奠定河内源氏繁荣之基的英雄（参看前文），但他在源赖朝取得天下的八十年前就去世了。当时的武士只不过是贵族的保镖而已，根本想象不到武士还能夺取天下。

还有，虽然足利尊氏的祖父足利家时确实是自尽身亡，但没有证据能证明他有夺取天下的野心。他自尽的理由至今不明，当时正值弘安七年（1284），执权北条时宗刚刚过世（见前文）。他可能被卷入幕府的某些政争，但是若说他想压制北条氏和安达氏，掌握幕府实权的话，那就太难以置信了。

遗书本来只会传给嫡流一脉。后面会提到，足利氏并非源氏嫡流，源义家的遗书应该不会传给足利氏。

川合康指出，源义家和足利家时的传说是在室町幕府成立，足利氏作为将军君临天下后，为了说明政权的正当性而捏造的。实际上，足利氏虽然是有力御家人，但是论起门第血统，并不比其他武士高出多少。和东国的武家名门小山氏、千叶氏相比，足利氏也说不上多么了不起。就算在源氏一族中，足利氏也不及武田氏、小笠原氏等名门。而且足利氏一族中还有斯波氏等名门，足利氏在一族中也不是独一无二的存在。

也就是说，足利尊氏只是凭实力和人望偶然当上了将军，足利尊氏死后，他的子孙要作为武家栋梁君临天下还缺乏正当性。只要出现有实力的武士，那么足利将军的地位就可能不保。因此，室町幕府宣称足利尊氏是源义家的直系子孙，实现了源义家、足利家时一统天下的未竟之志，都是为了证明他是"源氏嫡流"的手段。

《太平记》描写足利氏作为源氏名门常年被北条氏压制，足利尊氏由此心生不满。但是，镰仓时期的足利氏"代代与北条氏结亲，到了镰仓后期，作为北条氏姻亲受到重用，甚至可与北条氏中有力的庶流匹敌，周围反而没有将其视作源氏将军的一脉，更谈不上源氏嫡流了"（细川重男）。也就是说，足利氏并不是因其为源氏名门而被幕府重用，而是因其为北条氏姻亲才在北条氏当权的幕府中受重用。所以，足利氏非但没有受到北条氏的压制，而且根本就是得宗专制体制的受益者。

足利尊氏背叛北条氏的真相

市泽哲认为，足利尊氏对镰仓幕府有想法的契机是在第一次出兵时，也就是元弘元年上京时。足利尊氏虽然参与这次战斗并取得了胜利，但是也目睹了人们如何公然反抗幕府，由此心境产生了变化。

如前文所述，当时的武士并未将足利尊氏视为可以对抗北条氏的源氏名门，而是将其视为北条氏的姻亲。如果镰仓幕府垮台，足利氏想必会和北条氏一同灭亡吧。促使足利尊氏反叛的不是要夺取天下的野心，而是"再这样继续追随北条氏，足利氏也完了"这样一种危机感。足利尊氏背叛北条可以看作一种自卫行为，一种无可奈何的选择。

而且背叛幕府并非足利尊氏自己的决断。第一个向足利尊氏提议反叛的是足利尊氏的舅舅上杉宪房（《难太平记》）。之后，细川和氏与上杉重能（上杉宪房养子）带给他后醍醐命其讨伐北条高时的纶旨，并再三催促他起兵（《梅松论》）。足利尊氏是在家臣，尤其是上杉氏的怂恿下，背叛幕府的。

上杉氏出身京都中级贵族，镰仓幕府第六代将军宗尊亲王来镰仓时，上杉重房与其一起移住镰仓，后成为足利氏家臣。近年，清水克行与龟田俊和指出，足利尊氏母亲的一族上杉氏了解以京都为中心的西国情势，又有能和后醍醐周围人接触的人脉，而且非常同情朝廷，对足利尊氏影响颇大。

护良亲王失势并非足利尊氏的谋略

后醍醐天皇推翻镰仓幕府后，开始了建武新政，不过很快政权内部就展开了激烈的权力斗争。最大的原因就是皇子大塔宫护良亲王的胡作非为。以下根据《太平记》的记述，简要介绍建武政权下护良亲王的动向。

护良亲王曾在比叡山出家，后醍醐举兵倒幕之际，他还俗参战并立下大功。但是后醍醐灭亡镰仓幕府后，命其再度出家。护良亲王拒不从命，反而向后醍醐要求征夷大将军的位子。

元弘三年（1333）六月，无可奈何的后醍醐任命护良亲王为征夷大将军，但众武士却心向足利尊氏，于是护良亲王开始敌视足利尊氏，并准备将其铲除。后醍醐看到这个问题，罢免了护良亲王。

失势的护良亲王又企图暗杀足利尊氏，因其警备森严未果。接着，建武元年（1334）十月，足利尊氏通过后醍醐宠妃阿野廉子，向后醍醐报告护良亲王企图篡位。因为有护良亲王发布的令旨作为证据，后醍醐逮捕了护良亲王，并于次月将其流放，置于镰仓足利直义（足利尊氏之弟）的监视之下。

有人检视以上经过后，将护良亲王谋反视作足利尊氏为排除政敌而策划的阴谋。不过即使护良亲王并未偷窥帝位，他发布令旨恐怕确有其事。令旨没有留存下来，内容不明，但我们通过事件前后脉络推测，应该是命令各地武士讨伐足利尊氏。未经后醍醐许可就擅自发起军事行动，足以被认为造后醍醐的反了。这恰同当年以仁王下令征讨平氏被视为造后白河法皇的反一样（见前文）。据此认为足利尊氏陷害护良亲王的看法是不合理的。

关于护良亲王事件，《太平记》强调足利尊氏和护良亲王的对立关系。立场偏向足利氏的军记物语《梅松论》记述了至室町幕府为止的南北朝①历史，这本书称后醍醐是护良亲王暗杀足利尊氏的幕后黑手，看到计划失败后，后醍醐为了自保不得不抛弃护良亲王。因此，对该事件的一般看法是，"后醍醐中了足利尊氏的计，舍弃了重要战力护良亲王，此乃后醍醐一大失策"。也就是说，足利尊氏（反建武政权）和后醍醐天皇、护良亲王（建武政权）是对立的。

但是这只是从后来足利尊氏背叛建武政权，建立室町幕府这个结果倒推出来的公武对立史观的看法。本书后面将阐述，在此阶段，足利尊氏还没有背叛建武政权，建立幕府的计划。

护良亲王的擅自行动，源于他对自己所受冷遇的不满。从本质上分析，不是他与足利尊氏的对立，而是他与后醍醐的对立。

---

① 南北朝：后醍醐天皇自京都入吉野的 1336 年开始，持续到 1392 年。

后醍醐天皇与护良亲王对立的核心

镰仓幕府灭亡后，护良亲王很快便自称"将军家"，并颁发所谓的令旨。令旨的文体酷似镰仓幕府发布的关东御教书[①]。从此可以看出，护良亲王有当上征夷大将军，开创幕府，统率武士的志向。

皇族、亲王而非武士成为武家栋梁，可能多少有些违和感。不过，自建长四年（1252）宗尊亲王任征夷大将军以来，镰仓幕府八十一年间的将军都由亲王担任。到了建武政权成立时，比起源氏将军，人们更习惯亲王将军。

而且护良亲王曾亲率部队与镰仓幕府军作战，无论血统还是功劳，他都比足利尊氏更有资格成为征夷大将军。他想当征夷大将军绝不是无礼要求，恐怕从他本人的角度来看，这是天经地义的事情。

消灭镰仓幕府的后醍醐的愿望是天皇亲政，他拒绝接受摄关政治、院政、幕府政治。对后醍醐而言，想要重开幕府的护良亲王比不动声色的足利尊氏更有威胁。而且在倒幕战争中，护良亲王曾擅自发号施令，后醍醐本来就对他起了提防之心。在这点上，足利尊氏更让后醍醐放心，因为足利尊氏总是从后醍醐处取得纶旨后才发动军事行动。于是，后醍醐任命足利尊氏为镇守府将军，也就是建武政权宪兵部门的最高负责人。

就这样，足利尊氏成了建武政权的镇守府将军，"作为后醍醐的'侍大将'，他忠诚地执行着主公的命令"（清水克行）。从后醍醐的立场来看，足利尊氏比护良亲王忠心，是值得信赖的人。

---

① 御教书：古文件的一种形式，本来是奉书的一种，在镰仓中期以后，御教书指正式文件，奉书指非正式文件。

再者，后醍醐天皇打算以宠妃阿野廉子所生的恒良亲王为接班人，因此也留意不让护良亲王拥有过大的权力。人们往往说建武新政"冷遇武士"，然而并非所有武士都如此，只是针对护良亲王派的武士。赤松圆心就是典型例子，他在攻打六波罗探题时立下大功，但所获封赏极少。赤松圆心的儿子赤松则祐侍奉护良亲王左右，是护良亲王派最重要的人物，因此为后醍醐所忌惮。

那么后醍醐和护良亲王对立的核心是什么呢？一言以蔽之就是后醍醐重用足利尊氏，而护良亲王敌视足利尊氏。从结果来看，把足利尊氏视为威胁的护良亲王仿佛是对的，然而这并不能说明他更有眼光。在后醍醐的政治构想中，足利尊氏不可或缺；而在护良亲王眼中，足利尊氏是不必要的，甚至是个绊脚石。

也就是说，两者的对立核心就是政治构想的差别。对后醍醐来说，幕府要不得，但忠于自己的武士是需要优遇的；对护良亲王来说，需要建立幕府，但是绝不可让武士成为将军。冈野友彦指出，二人的构想都是边修正边继承镰仓幕府的体制。镰仓幕府持续了一百余年，全盘否定已不可行，对于哪部分能够为我所用，后醍醐与护良亲王意见迥异，最后发展成不可调和的对立。

被流放的护良亲王叹道："比起武家（足利尊氏），主君（后醍醐）更可恼。"（《梅松论》）无论如何，铲除护良亲王是后醍醐的意思，不应视为足利尊氏的阴谋。

足利尊氏对北条时行的恐惧

建武二年（1335）七月，为复辟镰仓幕府，北条高时之子北条时行起兵，一举拿下了镰仓。此即"中先代之乱"。执掌镰仓将军府（后醍醐设置的关东管理机构）的足利直义与后醍醐皇子成良亲王舍镰仓而逃。逃亡之际，为防止护良亲王落入敌手，足利直义将其杀害。

为搭救弟弟足利直义，足利尊氏向后醍醐请求出兵，同时要求征夷大将军一职。通说认为，要求征夷大将军说明足利尊氏有摆脱建武政权，建立幕府的野心。实际上，后醍醐也担心足利尊氏独立，于是任命成良亲王为征夷大将军。然而足利尊氏在未得到许可的情况下出兵了，后醍醐慌忙将其封为征东将军。

近来的研究则认为，足利尊氏要求担任征夷大将军不是为了建立武家政权而埋下的伏笔。北条时行打出再建镰仓幕府的名义，为了与之对抗，征夷大将军的名号是必要的。对已经知道了结果的我们来说，北条时行不值一提，但当时的足利尊氏会畏惧击败了足利直义的北条时行，是再自然不过的事情了。

建武二年八月，足利尊氏击败北条时行，夺回了镰仓。但是他被足利直义说服，无视后醍醐的归京命令，继续留在镰仓，并擅自论功行赏。一般认为，这标志着足利尊氏公然表明将摆脱建武政权，建立幕府。

但此时的足利尊氏真的有如此余裕吗？虽然赢得很轻松，但是叛党首领北条时行逃跑了，他的残党仍潜伏于镰仓周边，足利尊氏立刻回京的话，北条时行有可能卷土重来。正如龟田俊和所言，足利尊氏的真实动机是坐镇镰仓，待关东安定之后再回京。

足利尊氏安于后醍醐之下

建武二年十一月，有流言称足利尊氏在关东搞阴谋，后醍醐天皇派使者去镰仓诘问足利尊氏。足利尊氏反驳称"这是新田义贞的诬陷"，并请求让他去讨伐新田义贞。到目前为止，足利尊氏仍在请求后醍醐的许可，由此也能看出此时他并没有脱离建武政权的意思。

但在后醍醐眼里，总也不回来的足利尊氏就是抗命反叛，于是他命新田义贞等出兵讨伐足利尊氏。足利尊氏之弟足利直义杀害护良亲王一事也被视为谋反的证据。

足利直义等人催促足利尊氏出兵抵抗，但足利尊氏无论如何都不干。为表示顺从后醍醐，他自己出了家，将一切都交由足利直义处理。无可奈何的足利直义只得替足利尊氏出阵，不过接连战败。

听闻足利直义陷入绝境，足利尊氏说"直义若死，我活着也就没有意义了"，于是出兵。十二月，足利尊氏在箱根、竹之下战役中击败新田义贞等人。事已至此，足利尊氏再无退路，终于下决心要对抗建武政权了。

足利尊氏这一连串矛盾行为成了后世历史学家的一个棘手问题。佐藤进一强调了他难以理解的行为："不等敕许就出兵讨伐时行之际，他应该是下了很大的决心，但是后醍醐的命令传到他那里后，他又立刻表示响应。奏请讨伐义贞，却被以义贞为首的部队讨伐，这时他却仅带着两三个心腹缩在镰仓的净光明寺……到足利直义战败，听闻其处境……终于上阵。"佐藤进一推测，足利尊氏也许是遗传性躁郁症患者。这种推测应该是联想到了突然出家的足利泰氏，莫名其妙自杀的足利家时（见前文）等足利尊氏祖先里的举止异常者，不过正如拙作《日本中世战争史》所述，这种想法一不小心就会成为对精神疾病患者的歧视。

　　最近，龟田俊和主张"足利尊氏的行动既非不可解也非谜团，他根本打心底里就不愿意与后醍醐开战"。足利尊氏是妾室所生，其父足利贞氏的正室出身北条家，原本正室所生的足利高义应继承家业。只是因为兄长足利高义早逝，足利尊氏才幸运地，或者说偶然地成了足利家的继承人。否则的话，他这一辈子就是跟着足利高义过活而已。

　　后醍醐给予足利尊氏莫大恩宠，使他获得了足以匹敌甚至超过北条得宗家的权力，可以说他已经获得了非常大的成功。他应该对后醍醐怀有深深的感激之情吧。龟田俊和推测，足利尊氏满足于现状，并无夺取天下的野心。他认为足利尊氏已是建武政权首屈一指的武士，"他珍惜这样的地位才是人之常情……将此当作谜团，不过是从室町幕府成立倒推成因的结果论解释罢了"。笔者认为上述说法是有说服力的。足利尊氏的起兵是自卫行为，不是积极主动地要背叛后醍醐。

第二节　观应扰乱

足利直义与高师直的对立

　　众所周知，败给足利尊氏的后醍醐天皇逃往吉野，宣称自己才是正统天皇，不承认足利尊氏拥立的光明天皇。京都政权为北朝，后醍醐的吉野政权为南朝，两朝对立并存的时代史称南北朝时代。

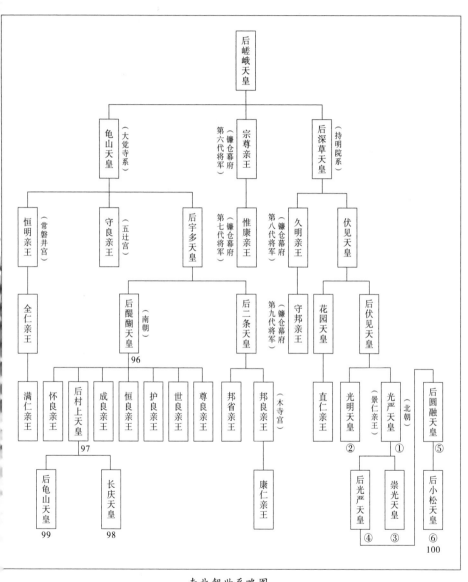

南北朝世系略图。

图内数字表示北朝即位者顺序／数字表示现在的历代天皇顺序

　　拙作《日本中世战争史》提过，南北朝角力的时期较短，北朝很快就占据了上风。尽管如此，南北朝还是持续了近六十年，其原因在于足利尊氏建立的室町幕府发生了内乱。史称观应扰乱。

　　室町幕府初期，足利尊氏之弟足利直义负责行政、司法，足利家的执事 ① 高师直在军事上颇有建树。但二人关系不睦。

　　足利直义是个守旧的人，他注重传统和秩序，尊重王族公卿及寺院的权威。高师直是个生机勃勃的改革派，重视现实主义和实力至上原则，为了获得军费不惮打劫公家及寺院的庄园，庄园领主因此不断向足利直义抱怨。

　　历应二年（1339）前后，将军足利尊氏渐渐移权于足利直义，时人称足利直义为"天下执权人"。同时，高师直的权力遭到削减。这是因为与幕府敌对的南朝势力式微，掌管军事的高师直的重要性也随之降低。

　　康永二年（1343）七月，二人不和的流言传到了统帅关东地区南朝势力的北畠亲房的耳朵里。流言能够传到关东，可见二人关系已势如水火。

　　不过根据龟田俊和最近的研究，到了康永三年，高师直试图修复两人关系，担任了直属足利直义的内谈方 ② 的首领。然而到了贞和四年（1348）正月，二人关系又因四条畷（现大阪府四条畷市、大东市）之战急转直下。高师直在此次战役中斩杀楠木正行（楠木正成嫡男），并勇追穷寇，放火烧了南朝大本营吉野。南

---

① 执事：室町幕府初期的执事作为将军的家政机关，负责赏罚和处理领土问题，权力颇大。
② 内谈方：执政单位的一种，负责诉讼调停，用水用地等。

朝的后村上天皇（后醍醐的皇子）撤退到贺名生（现奈良县五条市）。立下大功的高师直影响力激增，而足利直义也因此起了提防之心。到了贞和五年闰六月，终于出事了。

"高师直暗杀计划"的真相

据军记物语《太平记》所述，足利直义和上杉重能、畠山直宗、大高重成、粟饭原清胤、斋藤季基等人一起密谋暗杀高师直。他们计划由足利直义邀请高师直来家里做客，然后让大力士大高重成和武术家宍户朝重直接动手，为防失败，还在家中暗藏了百名以上的武士。

高师直毫无防备地到了足利直义家，不料粟饭原清胤临时变了主意，以眼色示意，高师直察觉情况有异，立刻打道回府。当晚，粟饭原清胤和斋藤季基造访高师直府邸，密告足利直义的阴谋。高师直让属下的武士在自己家周围布下重重防备，之后又称病辞官。

龟田俊和强调足利直义等人设陷阱在先，替经常被描写为坏人的高师直辩解。但是上面所引《太平记》叙述中，使眼色之类的文学创作要素过多，不可全信。

洞院公贤的日记《园太历》是更为可信的史料。现将其闰六月二日的日记翻译为现代语："三条殿（足利直义府邸）周围闹哄哄的。为防万一，直义把周围的住宅，要么破坏了，要么据为己有，并安排值得信赖的部下住了进去。因此大高重成和粟饭原清胤的宅邸被没收了。粟饭原似乎逃跑了。重成似乎被直义命令搬到吉良满义家里。什么说法都有，搞不清真假。但是有流言说，直义和师直不和，两人要打仗，京城里人心惶惶，大家都不知道是不是该逃跑。有人说是和尚妙吉建议直义这么做的"。

按上述说法，足利直义为防范高师直攻击，加强了守备。他策划暗杀高师直一事虽说难辨真假，但是可以看到被暗杀流言激怒了的高师直确实在集结兵力。

闰六月七日，足利尊氏造访足利直义府邸，二人讨论了这次骚动。同月十五日，足利尊氏解除了高师直执事的职务。这可以看作追究高师直在这次骚动中的责任。若《园太历》的说法属实，那么先集结兵力的人是高师直。既然找不到足利直义要杀高师直的证据，那么平白无故扰乱京城当然就是高师直的过错了。不过，足利尊氏让高师直的外甥接替他担任执事，算是照顾了他的颜面。

但是将高师直逼到罢官的人大概就是足利直义吧，他很可能强烈要求足利尊氏罢免高师直。所以可以这么说，虽然不知道足利直义有没有考虑过暗杀，但是他肯定考虑过让高师直失势。而高师直面对足利直义的种种可疑行径，做了不恰当的反应，祸及几身。这应该才是历史的真相。

为什么足利直义要打压高师直呢？近年，森茂晓主张贞和三年（1347）足利直义嫡子如意丸的出生导致足利直义策划了这个阴谋。

但是龟田俊和指出，考虑到贞和年间足利直义主导幕政的状况，实际上他什么也不做，如意丸将来也会在幕府中身居要职。

当然，如果他想让如意丸将来当上将军的话，那就有必要对付兄长足利尊氏以及足利尊氏的嫡子足利义铨。这么一来，足利尊氏的得力大将高师直就成了他的眼中钉，无论如何都需要拔除。

但是从后来事情的演变来看，足利直义并没有要对付足利尊氏的意思。

足利直义之所以敌视高师直，应该不是为了如意丸，而是因为二人政见不合。

高师直的军事政变

但是高师直转守为攻。八月九日，高师直之弟高师泰将河内国石川城的防卫任务交给畠山国清后率大军上京（《园太历》等）。足利直义看到拥护高师直的武士陆续在高师直的宅邸集结，于八月十三日前往足利尊氏宅邸避难（《师守记》）。

八月十四日，高师直军包围足利尊氏宅邸。因为兵力不到对方一半，足利直义放弃了正面对抗。足利尊氏向高师直派出使者，想促成二人和解。

足利直义接受了高师直提出的条件，二人和解。条件有三个：首先，足利直义心腹上杉重能和畠山直宗陷害高师直，必须流放（妙吉已经跑掉了）；其次，足利直义将幕府执政权让给足利尊氏的嫡子足利义铨（当时在镰仓统管关东）；第三，高师直重新担任执事（《园太历》等）。

但高师直未能信守条件，派部下在流放途中杀死了上杉重能和畠山直宗。

九月十日，高师直乘势下令讨伐当时在备后国鞆（现广岛县福山市鞆地区）的足利直冬。足利直冬是足利义铨的庶兄，足利尊氏并不把他当作自己的儿子，而足利直义将其收为养子。因此，足利直冬对足利尊氏怀恨在心，而对足利直义心存感激，他也一直是足利直义的左膀右臂。高师直视其为大患，决定消灭他。在高师直的攻击下，足利直冬逃往九州。

十月二十二日，足利义铨自镰仓上京，足利直义将自己在三条坊门亭的宅子让给他，自己搬到了细川显氏位于锦小路堀川的宅子。十二月，足利直义出家，彻底离开政界。可以说高师直取得了完全的胜利。

《园太历》记载，"关于这次的阴谋，有传闻说足利尊氏与高师直暗通款曲"。佐藤进一对此做了分析："足利尊氏表面上拒绝了高师直的要求，保护了自己的弟弟，巧妙地站在了调停二者的立场上，但实际上使自己的儿子义铨成了足利直义的继任者，获得了最大的利益。当时人说这次的事件是足利尊氏和高师直演的一场戏，恐怕确实如此。不过这也只能说是一部分真相。足利尊氏的所作所为均以天下的将军这个身份为指针，他绝不会为了义气而损害自己的利益，足利尊氏就是这样的人。所谓政治家就是如此吧。"

佐藤进一的推理基于本书反复强调的"谁获益最大，谁就是犯人"这么一个思路。但除了这个思路，他的推理还有一个前提，就是足利尊氏在脱离建武政权的过程中策划了种种阴谋。不过上节指出过，所谓种种阴谋是很值得怀疑的说法。因此有必要再次检讨足利尊氏黑幕说。

读者可将此事与第一章平治之乱中袭击三条殿的事件（后白河上皇的宠臣藤原信赖袭击后白河御所，并将其软禁）做一番比较。高师直包围足利尊氏宅邸直接挑战了足利尊氏作为将军的权威。《太平记》记载足利尊氏对此勃然大怒道："自从我的先祖追随义家以来，高氏一族代代就是源氏的家臣，从来没有违反过主从之礼。但是今日你因一时之愤，忘了自己承蒙的恩宠，无论有什么话，你不去心平气和地申诉，反而起兵包围主君宅邸。这固然有损我家颜面，但上天也不会放过你。有什么要说的，等你撤兵了再说。"

当然，作为军记物语，《太平记》里这段叙述的真假是值得怀疑的。但是作者显然认为"足利尊氏被家臣以军事力量威胁是件丢脸的事"。若足利尊氏是幕后黑手的话，他会策划有损自己权威的阴谋吗？

佐藤进一认为足利尊氏为了使足利直义让权给足利义铨才策划了这一切。但是我们根本找不到足利直义反对足利义铨成为下任将军的迹象，也看不出足利尊氏有什么必要弄出这么大动静。足利尊氏只要和足利直义说一声，就可以让他把权力让给足利义铨了。

龟田俊和批评了从结果倒推的阴谋论，认为"足利尊氏尽最大努力解决了师直举兵的危机，最后直义将权力交给了尊氏嫡子义铨，尊氏成了最大的赢家，整件事就是这样"。我也持同样的看法。

足利直义的反击

足利直义失势，眼看高师直就要掌握幕政，但是逃出高师直魔爪的足利直冬却在九州壮大了自己的势力。翌年，观应元年（1350）六月，高师泰作为大将出兵征讨足利直冬，在途中的石见国（现岛根县西部）与直冬方面的三隅兼连苦战，未能打到九州。

　　看到足利直冬势力越发壮大，十月二十八日，足利尊氏带领高师直等出兵。足利尊氏亲征，这是自建武二年（1335）以来十五年未有之事。恐怕是足利尊氏担心，攻打自己的亲生儿子足利直冬，只凭高氏一族是不够的吧。

　　出兵前夕的二十六日夜，足利直义逃出京都。有人建议推迟出兵，先找到足利直义，但足利尊氏和高师直并不把足利直义放在眼里，仍然按计划行动。

　　足利直义逃往大和国（现奈良县），号召全国的武士讨伐高师直、高师泰。足利尊氏、高师直军中的细川显氏响应足利直义的号召，脱离了足利尊氏和高师直的大军。十一月二十一日，足利直义来到了畠山国清把守的河内国石川城。前面提到过，畠山国清曾协助高师直发动军事政变，此时却倒向了足利直义。

　　十一月二十三日，京都得到消息，足利直义投诚南朝（《园太历》）。由此，楠木、和田等大和、河内、和泉、纪伊的南朝武士站到了足利直义一边（《太平记》）。这样，足利直义占据了优势。

　　一直以来的看法是，足利直义和高师直各自拉党结派，导致了使幕府一分为二的党争。借用佐藤进一的说法就是，东国及九州等边境地区的传统御家人拥护足利直义，京畿及周围的新兴武士拥护高师直。

　　这样的倾向当然存在，但是现实更为复杂，并不像上述说法那么泾渭分明。所谓直义派的武将中，从最开始就追随足利直义的只有细川显氏、桃井直常、石塔赖房等极少数人。龟田俊和指出，很多被认为属于足利直义派的武将，最初都是足利尊氏阵营的，比如斯波高经、上杉朝定、上杉朝房、今川范国等，他们只是看到畠山国清叛变才投靠足利直义的。也就是说，直义派也好，师直派（尊氏派）也好，都不是铁板一块，大部分武将只是投向占据优势的阵营而已。

足利直义的胜利和高师直之死

观应二年（南朝正平六年，1351）正月，足利直义军进击京都。留守京都的足利义铨望风而逃，直义派的桃井直常入京。下总守护千叶氏胤放弃了足利义铨，转而投奔正在石清水八幡宫的足利直义。

足利义铨与足利尊氏、高师直合流，开始反击，并打败了桃井的部队。但是投降足利直义军的人络绎不绝，足利尊氏撤退到丹波，后又退到播磨。

二月，足利尊氏与高师泰合兵直指京师，但在播磨光明寺战役和二月十七日摄津打出滨战役中接连败北。高师直、高师泰身负重伤，丧失斗志。

足利尊氏至此已无计可施，于是派宠童饗庭命鹤丸前往八幡，向足利直义提议讲和。二月二十日，双方以高氏兄弟出家为条件达成和议。二月二十六日，高氏兄弟由人护送，自摄津前往京都。直义派的上杉重季在摄津武库川将高氏一族全部诛杀。此事与先前的约定不同，但高氏兄弟也做过同样背信之事，可谓自作自受。

另据江户时代编纂的史书《续本朝通鉴》记载，足利尊氏私下同意诛杀高师直、高师泰，以此为条件达成和议。这就是所谓的尊氏阴谋说。虽说足利尊氏有可能默许二人被杀（至少没有积极营救他们），但是私下交易二人性命一事，无论如何都像是捏造的。若被发觉，足利尊氏自己都有可能为高氏所害，所以这事不大可能。这部史书是江户幕府儒官林家所编，可以认为它是站在以自称新田氏末裔的德川氏为正统的立场上将足利尊氏描写为冷酷的恶人。

排除了长年的政敌，足利直义作为义铨的辅佐重归政界，而足利直冬也在九州就任九州探题。不过，同一时期，足利直义也失去了钟爱的嫡男如意丸。

足利尊氏、足利直义会谈

观应二年三月二日，足利尊氏、足利直义兄弟在京都会谈，商讨善后事宜。

战败的足利尊氏摆出一副胜利者的样子，要求赏赐追随足利尊氏到底的四十二名武士，足利直义同意了这个要求。足利尊氏还要求处死杀了高氏满门的上杉重季，在足利直义的劝解下，改为流放。

由此可以看出，胜利者足利直义对战败者足利尊氏有着不同寻常的尊重，简直就仿佛胜败是颠倒的一样。可见，足利直义的目标是铲除高氏，而非与兄长足利尊氏对立。

龟田俊和指出，足利直义对足利尊氏的态度恰如足利尊氏对后醍醐的态度。之前提过，虽说最后足利尊氏确实背叛了后醍醐，但他本来并不想这样，而且终其一生始终对后醍醐怀有敬意。同样，足利直义也未对足利尊氏抱有敌意。因此，他始终尊重作为将军的足利尊氏的权威。

不过，足利直义对足利尊氏的尊重只流于表面的权威、权力，并未给予佐佐木导誉、仁木赖章等尊氏派武将承诺过的赏赐。足利直义只是对本来就属于他们的领地支配权予以承认（本领安堵）而已。一方面，足利直义注意不伤害足利尊氏的颜面；另一方面，他慢慢将幕府实权握在自己手中。

会谈后，足利直义回归政界，辅助足利义铨。负责幕府行政、司法的引付方头人一职由石桥和义、畠山国清、桃井直常、石塔赖房、细川显氏等直义派武将担任。足利义铨对此安排不满。六月，他新设了由自己亲自负责的仲裁机关"御前沙汰"。七月十九日，由于与足利义铨不和，足利直义表明辞职的意向，不过被足利尊氏挽留。但足利尊氏、足利直义兄弟的决裂只是时间问题了。

北朝，成也尊氏，败也尊氏

七月二十一日，足利尊氏派的诸将纷纷离开京都。二十八日，足利尊氏以讨伐归降南朝的佐佐木导誉（尊氏派）为名率军前往近江。二十九日，足利义铨以讨伐归降南朝的赤松则祐（尊氏派）为名率军前往播磨。不料其中另有阴谋，足利尊氏及诸将半路杀回京都，转而攻打足利直义（《园太历》）。足利尊氏可能参考了以前袭击六波罗探题的行动，想出了这么个主意。

足利直义察觉到危险，于三十日深夜逃出京都，奔向北陆。八月六日，足利直义到了金崎城（现福井县敦贺市）。他之所以逃往北陆，是因为这一带是直义派守护的地盘，而且这里也容易和信浓的诹访氏、上野的上杉氏、山阴的山名氏等直义派互相照应。

　　仅仅几个月前，他才取得了对高师直的全面胜利，怎么就沦落到如此地步呢？龟田俊和认为，原因是他对自家武将的封赏太少。行赏的权力本来就由兄长足利尊氏掌握，他一方面不想侵犯足利尊氏的权力，另一方面也顾及公家与寺社的权威，对于武将侵占庄园持保守态度，因此对武士的赏赐显得消极。

　　比如据说曾参与高师直暗杀未遂事件的足利直义的心腹大高重成希望成为若狭守护，足利直义就未能满足他。结果，大高重成投靠足利尊氏，足利尊氏将其封为若狭守护。还有足利直义最信任的细川显氏（《园太历》）的封赏也止于土佐守护，后者同样心生不满，转而投靠了足利义铨，足利义铨将其封为京都守护。

　　得知足利直义离开了京都，足利尊氏和足利义铨立即返回京都。八月六日，足利尊氏派刚投靠自己的细川显氏做使者，催促足利直义即刻返京处理政务。但是由于足利尊氏同时提出要铲除反足利尊氏态度最为坚决的桃井直常，因此足利直义拒不执行。

　　九月七日，直义派的畠山国清、桃井直常在近江八相山（现滋贺县长滨市）布阵。十日，直义派的石塔赖房从伊势国侵入近江国，突破尊氏派的佐佐木导誉等的防线，来到八相山。但是十二日，尊氏军进攻八相山，击破直义军。身处后方金崎的足利直义撤退至越前。

　　九月二十日，两军开始和谈，十月二日，足利尊氏和足利直义于近江面谈。但桃井直常坚决反对，导致和谈失败。于是主和的畠山国清因不满而倒向足利尊氏。斯波高经同样投靠了足利尊氏。足利直义势力大减。

　　足利直义听从桃井直常进言，十月八日，再次撤退至越前。

然后通过北陆道前往镰仓。

就这样，虽然足利尊氏将直义派从京都周边一扫而空，但足利直义在关东、北陆、山阴的势力犹存，而西国的足利直冬仍在扩大势力。为了将足利直义与南朝的联系斩断，足利尊氏开始与南朝和谈。

之前提过，足利直义曾降服于南朝（实际上是讲和）。但是他顾及自己长期拥护的北朝的颜面，并未轻易答应南朝所提条件，因此和谈长期未果。而足利尊氏则答应了南朝提出的条件，以完全臣服南朝之姿取得了讨伐足利直义的纶旨。

北朝的崇光天皇、皇太子直仁亲王被废，北朝年号"观应二年"也被废止，统一使用南朝的"正平六年"。由足利尊氏建立的北朝由足利尊氏亲手埋葬，这就是所谓的"正平一统"（后来足利尊氏与南朝决裂，正平一统烟消云散，北朝复活）。往好了说是灵活，往坏了说是无耻，就这样足利直义在足利尊氏的手段下陷入窘境。

足利尊氏是阴谋家的说法无法令人信服

解决了南朝这个后顾之忧，足利尊氏追击足利直义，向镰仓进发。足利直义迎击，观应二年（1351）十二月萨埵山战役爆发，这是两兄弟最后的决战。观应三年（1352）正月，足利直义战败，俯首称臣，兄弟二人一同返回镰仓。

到了二月二十六日，足利直义于镰仓突然死亡。描写南北朝内乱的军记物语《太平记》记载，足利直义表面上是因黄疸病而亡，但实际上是被毒杀的。

　　《太平记》中虚构情节很多，但是很多研究者都相信足利直义确实是被毒死的。因为高师直去世（观应二年二月二十六日）与足利直义去世（观应三年二月二十六日）是同一天，他们推测足利尊氏对高师直被杀怀恨在心，所以在高师直忌日毒死了足利直义。

　　而峰岸纯夫则认为此情节纯属虚构。《太平记》中，恒良亲王、成良亲王（二者都是后醍醐和阿野廉子所生）都是被毒死的。为了表现因果报应，《太平记》才会安排毒杀皇子的足利直义同样死于毒杀的桥段。

　　龟田俊和也认为同日而死纯属巧合。足利直义始终对与足利尊氏交战持消极态度，特别是嫡男如意丸早逝后，他的行动就一直大失水准。龟田认为萨埵山战役的失败使足利直义一蹶不振，突然死亡并非不可思议之事。

　　毒杀说起源于二战前人们认为足利尊氏就是个阴谋家的普遍看法。但正如本章所述，这种看法是值得怀疑的。因此毒杀说本身也就值得再进行讨论。笔者会将此作为今后研究的课题。

第五章

日野富子是恶女吗

第一节　应仁之乱与日野富子

传统说法关注将军家的家督之争

应仁之乱因何而起，众说纷纭。一般认为源自将军家的家督之争，即室町幕府第八代将军足利义政之弟足利义视与将军之子足利义尚的继承权之争。

这里先说下前因后果。本来足利义政是没有儿子的。宽正五年（1464）十二月，足利义政让在净土寺出家的弟弟义寻（即足利义视，后文统称足利义视）还俗，指定他为自己的后继者。当时足利义视就指出义政还有可能生儿子，因此不愿还俗，足利义政发誓若今后有了儿子就让儿子出家。因口头约定有反悔的可能，为了使足利义视安心，足利义政又让有力大名细川胜元成为足利义视的监护人。

到了宽正六年十一月，足利义视担心的事情还是发生了，足利义政的正室日野富子生下一个男孩（后来的足利义尚）。日野富子开始考虑让自己的孩子成为将军。但是足利义视背后还有细川

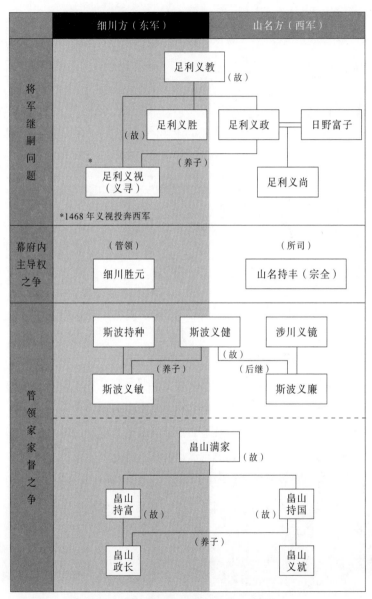

"应仁之乱"对立关系（传统说法）

胜元。为了对付足利义视和细川胜元，日野富子请了细川胜元的对头山名宗全来做自己孩子的监护人。就这样，幕府两大势力介入了将军家的内部斗争，由此爆发了应仁之乱。

众所周知，细川胜元组织了东军，山名宗全组织了西军，从应仁元年（1467）到文明九年（1477）展开了长达十一年的战争，京都因而成为一片废墟。一般认为，罪魁祸首就是为了自己的儿子而策划排除足利义视的日野富子。

日野富子与足利义视关系紧密

不过以上的一般说法无法解释应仁之乱复杂的发展过程。首先，应仁之乱爆发一年半后的应仁二年十一月，足利义视与兄长足利义政对立，加入了西军，西军总大将山名宗全事实上将足利义视拥立为将军。近年的研究将此视为"西幕府"。如果只看山名宗全是足利义尚的监护人的话，此举着实令人费解。

描述应仁之乱的军记物语《应仁记》记载，日野富子与山名宗全合作，企图铲除足利义视。但是当时公家、僧侣的日记中完全见不到类似的文字。《应仁记》是作于后世的物语，比起同时代的史料，可信度不高。既然在当时公家、僧侣的日记中找不到山名宗全和日野富子合作的记述，那么对《应仁记》则应持谨慎态度。

实际上，宽正六年七月，足利义视迎娶日野富子的妹妹日野良子为正室。这桩婚姻事先当然必须得到日野富子的同意。而且二人结婚时日野富子有孕在身。她知道自己可能生下儿子，但还是支持他们结婚，这样看起来，与其说日野富子对足利义视抱有敌意，倒不如说日野富子想通过这桩婚事拉近与足利义视的关系。

文明九年，足利义视为了结束应仁之乱，还拜托日野富子充当说客劝说足利义政。即使在应仁二年，足利义政为东幕府将军，足利义视为西幕府将军，二人已呈水火之势时，日野富子与足利义视仍然保持着沟通的渠道。

细川胜元与山名宗全原是盟友

《应仁记》强调细川胜元与山名宗全势不两立，这点也值得怀疑。细川胜元的妻子是山名宗全的养女，两人维持了二十多年的友好关系。

细川胜元迎娶山名宗全的养女当然是政治婚姻，细川氏和山名氏以此为契机结为同盟。那么为何要结盟呢？笔者在另一本书《应仁之乱》中做了详细说明，这里只简单介绍一下。细川氏为了管领（辅佐将军的职位，幕府二把手）之职，与畠山氏存在竞争关系。山名氏在嘉吉之乱（赤松满佑暗杀第六代将军足利义教事件）后参与了赤松氏讨伐战，夺取了赤松氏原有属地播磨、备前、美作。赤松氏被赦免后，想从山名氏那里取回原有的领地。细川胜元有畠山氏这么个敌人，而山名宗全有赤松氏这么个敌人，结盟对两人都有好处。

文正元年（1466）十二月二十日，细川胜元夫人产下一子（之后的细川政元，见后文）。细川胜元夫人是山名宗全的养女，细川政元就是他的外孙。细川政元诞生理应进一步强化两人的同盟。

如果细川胜元打算和山名宗全分道扬镳，那他就不会让山名的养女怀孕，甚至断绝夫妇关系也不奇怪。他没有这么做，意味着细川胜元仍然重视与山名宗全的合作。

一般认为，细川胜元决意与山名宗全断交是在文正二年正月十八日御灵合战（见后文）爆发的数日前。这场战役是应仁之乱的前哨战，此时距细川政元诞生还不到一个月。由此可见二者的对决是突发性的。

相比细川胜元，足利义视更倚重山名宗全

认为山名宗全与足利义视是敌对关系的看法，也需要重新审视。伊势贞亲在文正政变（见后文）失势后，足利义视和山名宗全在畠山氏的家督之争中立场一致，都支持畠山义就。

御灵合战前，山名宗全顾及支持畠山政长的细川胜元，尽量减少与畠山义就的接触。山名宗全公开支持畠山义就，最终导致与细川胜元的同盟破裂。这里需要留意的是，足利义视是站在山名宗全这边，与细川胜元对立的。可见比起细川胜元，足利义视更倚重山名宗全。

山名宗全被足利义政疏远，因此希望足利义视尽快就任将军（相当于让足利义政隐居）。支持遭足利义政敌视的畠山义就，也是为了建立足利义视政权的伏笔。

细川胜元虽然与足利义政的亲信伊势贞亲处于敌对关系，但他和足利义政本人的关系并不太坏，因此并未全面支持足利义视。这样一来，比起细川胜元，足利义视更亲近山名宗全也就不难理解了。后来，足利义视和山名宗全支持的畠山义就失败，细川胜元逐渐掌握幕政，足利义视就倒向了细川胜元。但是御灵合战（见后文）后，山名宗全夺取大权，足利义视又再次支持山名宗全。

应仁之乱爆发后，足利义视立刻被细川胜元拥立为东军总大将，但足利义视本人的意思如何不得而知。其时，足利义视与兄长足利义政住在室町殿①（花御所），周围被东军迅速占领，足利义视根本没有与东军敌对的选项。足利义视本身并无权力基础，当时不得不改变依靠的对象。足利义视与细川胜元属于同一阵营，是因为细川胜元掌握着幕政，而不是因为两人关系密切。

结果，东军总大将足利义视逃出室町殿，几经周折最终被西军拥立为将军（见上文）。正如家永遵嗣指出的那样，只有了解了乱前足利义视与山名宗全的关系就很亲近，才能理解这一惊天动地的转折。因此，《应仁记》中山名宗全作为足利义尚的监护人与足利义视、细川胜元对抗的记述并不可信。

足利义政已解决了后继者问题

通说认为应仁之乱最大的争议点是下一任将军的人选问题，即到底由足利义视还是足利义尚来继承将军之位。由上面的分析可知，我们有必要重新审视这种观点。先来看看足利义政对待足利义视和足利义尚的态度吧。

足利义视还俗后就得以顺利升官。刚还俗时，他的官阶是从五位下左马头。足利直义曾任左马头，有此先例，左马头一向被认为是副将军或者下一任将军担任的官职。这样的人事安排自然不会是朝廷的意思，它反映的是足利义政将足利义视视为自己继任者的意向。

---

① 室町殿：实现南北朝统一的室町幕府第六代将军足利义满在京都建造的宅邸，作为将军的住所，成为将军的代称，"室町幕府"也由此得名，又称"花御所"。

　　值得注意的是，足利义尚的诞生并未影响足利义视的升迁。宽正六年十二月十七日，就在足利义尚诞生后不久，足利义视升任从三位权大纳言。只看官职的话，足利义政并未更改让足利义视成为次任将军的计划，足利义视的地位相当稳固。

　　另一方面，足利义尚诞生后，立即被送往伊势府邸抚养。包括足利义政在内的所有将军都是由担任室町幕府政所执事的伊势氏抚养的，由此可见足利义尚也被视为将军的候补。也就是说，足利义视、足利义尚都被足利义政当作将军的候补。

　　受足利义政优柔寡断的刻板印象毒害的话，就会得出这样的结论：足利义政无法决定由足利义视还是足利义尚继承将军之位。但实际上还有一个很简单的解释。由于足利义尚年幼，所以暂且由足利义视担任将军，等到足利义尚成人，再让足利义视让位即可。足利义视是日野富子的妹夫，所以日野富子应该也赞成"足利义尚成人为止，由足利义视做过渡将军"的提案。刚刚还俗，没有什么势力的足利义视应该也无力反对。

　　虽然没有明确的史料依据，但是足利义政提出以足利义视作为过渡将军来解决问题是最自然的，而一直以来足利义政优柔寡断的解释反而不自然。而且，足利义政有让位给足利义视后继续掌握幕府实权，实行"大御所政治"的志向（受足利义政尊敬的祖父足利义满在把将军的位子让给儿子足利义持后，仍然保有最高权力）。只要足利义政没有从政界引退，仍然保持政治影响力，那么就不怕足利义视赖在将军之位上。应该说，足利义视就任将军是已经定好的，而且日野富子也不反对。

文正政变

　　文正元年七月三十日，足利义视正室日野良子生了一个男孩（后来的足利义材）。根据传统观点，日野富子此时可能就把足利义材当作足利义尚的对手了。

　　但在医疗不发达的时代，婴幼儿的死亡率非常高。足利义政本人就是因为兄长足利义胜十岁夭折，才当上了将军。足利义政本来有十个兄弟，到足利义视还俗的宽正五年十二月，活着的就只有足利义视和足利政知两个了（见后文）。

　　总而言之，足利义尚只是个婴儿，还有可能早逝。如果足利义尚早逝，对日野富子来说，肯定希望有日野家血脉的义材当将军。日野富子不可能将足利义视当作敌人。

　　不过这是日野富子的想法。要是从足利义尚乳父伊势贞亲的立场来看，足利义视就是妨碍足利义尚早日成为将军的绊脚石。

　　伊势贞亲向足利义政进谗言称"义视有谋反之意"。足利义政信了谗言，于文正元年九月五日夜，准备诛杀足利义视。义视仓皇失措，首先向山名宗全，之后向细川胜元求助。此时他先找了山名宗全，从中可以看出两人的亲密关系。

　　第二天，九月六日，山名宗全、细川胜元等大名提出抗议，伊势贞亲、季琼真蕊、斯波义敏、赤松政则等足利义政亲信失势（《后法兴院记》《大乘院寺社杂事记》《经觉私要抄》）。这件事史称"文正政变"。值得注意的是，此时的山名宗全和细川胜元仍是合作关系。

　　经文正政变，足利义视的敌对势力被一扫而空，足利义视就任将军只是时间问题。军记物语《应仁记》记载，山名宗全之所以成为足利义尚监护人，是因为担心足利义视成为将军后，细川胜元的权力扩大。但是山名宗全与季琼真蕊（赤松氏出身）、赤松政则等足利义政的亲信不和，对他来说，足利义视尽早当上将军是求之不得的事情。细川胜元同样支持足利义视当将军，因此在这个问题上，细川胜元和山名宗全基本上没有分歧（不过细川胜元对足利义视早早就任将军持谨慎态度）。

山名宗全的军事政变

细川胜元与山名宗全同盟破裂，起因是山名宗全联合畠山义就发动军事政变。让我们来看看山名宗全的动向。接下来的内容与拙作《应仁之乱》多有重复，还请见谅。

文正元年十二月二十六日，畠山义就响应山名宗全，带兵上京。他在京都北部的千本释迦堂（大报恩寺）布阵。没有将军命令就带兵上京，等同于谋反，这是能够匹敌明德二年（1391）在京都爆发的明德之乱的大事变。

次年，文正二年正月二日，足利义政没有去管领畠山政长家，而是在将军御所见了畠山义就（《斋藤亲基日记》）。每年的正月二日，将军在管领家接受款待，这是每年必行的重要仪式。接待将军，是彰显与将军关系良好的绝佳机会，对与畠山义就一向不和的畠山政长来说，终止仪式的打击不小。

正月五日（将军御驾光临畠山府的日子），足利义政见的人不是畠山氏的当主畠山政长，而是畠山义就。不过畠山家的宅子被政长占着，所以义就借了山名宗全家招待了足利义政（《后法兴院记》）。

随行者包括足利义视与其他大名，没有跟去的只有畠山政长、细川胜元、京极持清。这里可以看到，足利义视此时是支持畠山义就的，他此时的立场与支持畠山政长的细川胜元相反。这也反映了，足利义视和细川胜元的关系没有多么好。

正月六日，足利义政罢免了畠山政长的管领一职，并命其将宅子交给畠山义就。这意味着足利义政正式承认畠山义就为畠山氏的当主。八日，斯波义廉（山名宗全的女婿）被任命为管领，十一日正式上任（《后法兴院记》《大乘院寺社杂事记》《经觉私要抄》）。

为了让足利义政收回成命，细川胜元准备率兵攻打室町殿。但是计划事先泄露，十五日，山名宗全以警备的名义武力占据了室町殿。为了不让足利义视等足利一族的人落入细川胜元手里，十六日，山名宗全又将他们移往室町殿。就这样，山名宗全完美地实现了夺取政权的阴谋。

军事政变还在进行时，足利义视就升至正二位。武家中，官阶比足利义视高的只有从一位左大臣足利义政。足利义视成了正二位权大纳言后，位阶仅次于足利义政。如果足利义政辞官出家，那么足利义视接替其职位的可能性非常大。也就是说，足利义视升至正二位就是将来就任将军的伏笔。当然，这应该也是山名宗全的功劳。

御灵合战

人们原以为畠山政长败下阵来，会离开京都，回到他的领地河内。不承想，十七日晚，他把自己的宅子一把火烧掉后北上，经过纠河原（贺茂川、高野川汇流处的平地，也叫"鸭河原"），十八日天明时分在御所东北方向的上御灵社（现在的御灵神社）布阵。他假装要从纠河原向东出京都，但实际上他转身向西杀向了室町殿。政长的同党细川胜元、京极持清也起兵响应。细川胜元在御所西，京极持清在御所南，分别布下阵来，将山名宗全等藏身的室町殿团团围住。

足利义政怕被卷入战争，下令禁止山名宗全、细川胜元军事介入畠山二人的纷争，让畠山义就和政长一对一决斗（《大乘院寺社杂事记》《经觉私要抄》）。十八日傍晚，畠山义就率兵杀往畠山政长驻军的上御灵社（《后法兴院记》）。

细川胜元听从了足利义政的命令，没有支援畠山政长。但是山名宗全、斯波义廉无视足利义政的命令，协助了畠山义就（《大乘院寺社杂事记》）。政长败北，藏到了细川胜元宅邸。这场战役史称"御灵合战"。一切都如山名宗全的计划，他掌握了幕府政权。

从整体上看山名宗全军事政变到御灵合战的经过，则可了解细川胜元、山名宗全的对立与将军继承问题没有直接关系。合战的导火索是畠山政长的失势。随着希望足利义尚成为下一任将军的伊势贞亲等人的失势，反对足利义视成为将军的势力就从幕府内消失了。细川胜元支持的是足利义政的"大御所政治"，山名宗全的构想是足利义视作为将军亲政，二者在支持足利义视成为将军这点上是一致的。

两人的矛盾焦点实际上是管领一职。前文提过，在山名宗全军事政变前，畠山政长是管领。政长的靠山是细川胜元，加上足利义政由于伊势贞亲失势而元气大伤，所以当时的幕府政权实质上落在了细川胜元的手里。山名宗全想将畠山政长拉下马，让自己的女婿斯波义廉当上管领。山名宗全的打算是，让将军足利义视和管领斯波义廉站在前台，实际上则由他掌握幕府实权。这意味着颠覆细川胜元政权，二人的角力也就不可避免了。

应仁之乱的原因并非将军家内乱

御灵合战中，山名宗全积极参战，而细川胜元并未参战，仿若抛弃了盟友畠山政长，他的名誉因此大损（《大乘院寺社杂事记》）。为了恢复名誉，细川胜元开始计划反击，以扶持畠山政长夺回权力。

五月十六日，细川胜元家臣池田充正率正规军十二骑、野武士（野伏）一千人，由摄津上京（《后法兴院记》）。山名宗全、畠山义就、一色义直等大惊，二十日在管领斯波义廉府碰头，商讨对策（《后法兴院记》《后知足院记》）。

自五月二十五日晚开始，京中的武士匆忙行动起来（《后法兴院记》）。二十六日早上，细川派的武田信贤、细川成之袭击了位于将军御所对面的一色义直的宅子，宅子被烧的一色义直慌忙逃往山名宗全府邸（《宗贤卿记》《大乘院寺社杂事记》《经觉私要抄》）。应仁之乱正式揭开了帷幕。

从以上经过能看清一点，应仁之乱的契机是山名宗全介入畠山氏的内部纷争。家永遵嗣认为，山名宗全从宽正六年前后开始支援畠山义就。但正如本人前著《应仁之乱》所述，山名宗全与畠山义就正式结盟应该是在文正政变之后。畠山氏家督之争开始于亨德三年（1454），细川胜元一直都是支持畠山政长的。这种情况下，支持畠山义就无异于与细川胜元为敌。山名宗全之所以有能力对抗伊势贞亲、赤松政则等足利义政的亲信，凭借的是与细川胜元的同盟关系，所以山名宗全一直以来都避免公开支持畠山义就。不过伊势贞亲等在文正政变中失势后，山名宗全就与畠山义就结为盟友，与细川胜元的敌对关系从此开始。

简单说来，山名宗全利用细川胜元的政治实力扳倒了伊势贞亲，又利用畠山义就的军事实力扳倒了细川派。这确实可以说是很出色的权谋，但是他小看了细川胜元。怒火中烧的细川胜元发动反击，从而引发了应仁之乱。

我在《应仁之乱》中指出过，细川氏和山名氏之间，除了畠山问题，并没有其他特别严重的分歧。也就是说，只要能解决畠山问题，两人就可能和解。而现实中，文明六年（1474）四月，他们就开始了和谈，比双方阵营中的任何人都要早。之后，影响应仁之乱结束时间的最大变数就变成西军主力大内政弘的行动了，他在文明九年投向东军，应仁之乱至此结束。这时的足利义视反而没了着落，不得不逃往美浓。

结论就是，应仁之乱的原因绝不是将军家的内部争斗。

第二节　富子恶人说起源于《应仁记》

史实与《应仁记》正相反

如第一节所述，《应仁记》对幕府内人物关系的描写充满了谬误，可以说，与史实（历史事实）正相反。

首先，《应仁记》写道，日野富子为了让儿子足利义尚成为下一任将军，想方设法铲除足利义视，可实际上，日野富子并不敌视足利义视。日野富子并不反对足利义视作为足利义尚成年前的过渡将军。

而且根据《应仁记》的说法，日野富子为了实现自己的阴谋，选择山名宗全为自己的盟友。但实际上，山名宗全与足利义视的关系亲密。细川胜元也好，山名宗全也好，都支持足利义视成为将军，两人在这点上并无大的矛盾。

因此，《应仁记》中足利义视、细川胜元与日野富子、山名宗全的对立构图并不存在。

与实际情况偏差如此之大，已经让人无法认为《应仁记》的作者只是记忆错误和了解不足了。应该是《应仁记》的作者明知真相而刻意歪曲，企图将应仁之乱的原因归咎于日野富子。

对《应仁记》作者的思考

那么为什么《应仁记》作者要把日野富子塑造成恶人呢？这就需要好好了解这本书作为史料具有什么特点。

首先是成书年代。宫内厅①所藏一卷本《应仁记》的头注②写着大永三年（1523），这算是一个线索。家永遵嗣认为大永三年是作者之外的人所写，因此推定《应仁记》成书应在大永三年以前。

《应仁记》作者又是谁呢？军记物语的写作目的在它的名场面

---

① 宫内厅：负责天皇国事行为的机构。下辖的书陵部管理着皇室藏书。
② 头注：写于页眉的注释。

（也就是浓墨重彩的高潮部分）中体现得最为鲜明。这本书详细描写了细川胜元家臣安富元纲在相国寺合战中的奋战与战死，因此我们可以推定，作者应该是细川氏周边的人。进一步说，此书还着重描写了安富元纲与畠山政长家臣神保长诚的友情（准确说应是男色关系）。

家永遵嗣注意到了这点，并推测《应仁记》成书于细川京兆家（细川氏本家，细川胜元所属的系统）和政长一派的畠山氏关系尚好之际。这个意见很重要。实际上，应仁之乱中细川京兆家和政长流畠山氏同为东军，并肩作战，但之后两者关系转为对立，而和解花费了很长时间。下面将谈谈这件事的经过。

明应政变

细川胜元死后，畠山政长再次成为幕府管领。应仁之乱结束后，畠山政长与畠山义就为了争夺山城、河内爆发了数次战斗，皆以畠山政长失败告终。细川政元（细川胜元嫡男，胜元死后，成为细川氏当主）对畠山政长失望，渐渐疏远了他。

长享三年（1489）三月，第九代将军足利义尚病死。由于足利义尚没有子嗣，下一任将军将从足利义政的近亲中挑选。

候补者有两人，足利义政之弟足利义视的嫡男足利义材和同为足利义政之弟的足利政知的儿子清晃。细川政元支持清晃。细川氏在应仁之乱中为东军主力，因此讨厌放弃东军总大将之位而转投西军的足利义视。足利义材若成为将军，就意味着足利义视将重新掌权，因此细川政元反对此提议。

但因为日野富子的支持，延德二年（1490），足利义材成了

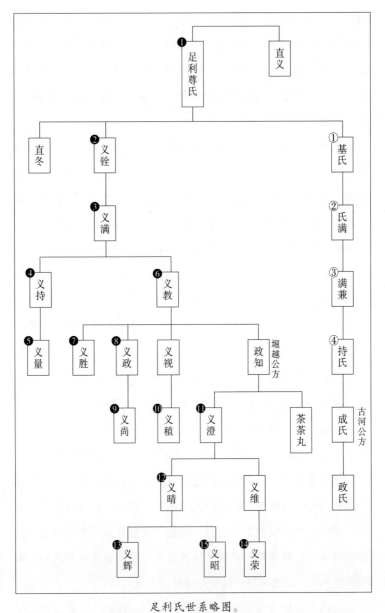

足利氏世系略图。

黑圈内数字是将军就任顺序，白圈内数字是镰仓公职就任顺序

第十代将军。不用说，这是因为足利义材是日野富子妹妹良子的孩子（见前文）。但是细川政元对此非常不满。将军判始^①等仪式需要管领出席，作为管领的细川政元虽然出席了，但是仪式一结束，他立刻辞掉了管领一职。

事不如人愿，足利义材和日野富子相处得并不好，再加上他双亲相继亡故，因此越发孤立。延德三年八月，足利义材为提高人望，出兵讨伐近江的六角高赖。虽然六角高赖逃脱，但接连的胜利提高了将军的威望，给了他很大自信。

明应二年（1493）二月，足利义材应畠山政长之请，为了讨伐畠山基家（畠山义就的儿子），亲率大军杀往河内。足利义材和畠山政长都与细川政元心生嫌隙，为了对抗细川政元，两人很快走向合作。

四月二十二日晚，留在京都的细川政元与日野富子、伊势贞宗（伊势贞亲嫡男）合议，举兵拥立清晃为将军（改名义遐，后来又改名义澄，以下统称义澄）。得知京都被反义材派控制后，跟随足利义材远征河内的诸将纷纷易帜，返回京都。闰四月二十五日，畠山政长自杀，嫡男畠山尚顺逃往纪伊。足利义材被俘虏，押解至京都，软禁于细川政元家臣上原元秀府里。该事件史称"明应政变"。

从应仁之乱前开始，以畠山氏内斗为核心的幕府权力之争不断上演，这场精彩的阴谋剧似乎终于为其画下了休止符。不过到了六月末，足利义材（之后改名义尹、义稙，以下统称义稙）逃

---

① 将军判始：将军就任仪式。

出了上原府，来到越中，并宣称自己是正统将军。以畠山尚顺为首的不少大名都表示支持足利义稙，从而形成了两个将军并存的局面。至此，权力构图变成"足利义稙＋畠山尚顺 VS 足利义澄＋细川政元"。

细川高国与畠山尚顺的合作

当初曾为同盟的细川京兆家与政长流畠山氏一变而为仇敌。但事态再次发生急变。永正四年（1507）六月，细川氏发生内乱，细川政元被家臣暗杀。此事件史称"永正错乱"。

永正错乱源于京兆家的家督之争。细川政元没有子嗣，于是收了九条摄关家的澄之、细川阿波守护家的澄元、细川野州家的高国为养子。这三人为细川政元继承人的地位明争暗斗，细川澄之的家臣先暗杀了细川政元，又图谋杀细川澄元。

细川澄元则与细川高国合作，展开反击。八月一日，细川澄元的重臣三好之长与细川高国的军队一起消灭了细川澄之。第二天，八月二日，细川澄元拜谒将军足利义澄，正式确立了细川京兆家家督的地位。

此时，足利义稙正在周防①的大内义兴②那里。对足利义稙和大内义兴来说，细川氏内乱正中下怀，他们起兵前往京都。细川高国闻询大吃一惊，以参拜伊势神宫的名义离开京都，背叛了足利义澄和细川澄元，转投足利义稙阵营。永正五年四月，足利义澄与细川澄元眼见形势不妙，逃往近江，细川高国则率畿内武士

---

① 周防：令制国。位于现山口县南部和东部。
② 大内义兴：室町末期武将。以周防为中心的六国守护。

入京。四月末，足利义稙、大内义兴在堺登陆。细川高国与畠山尚顺恭迎足利义稙前来。细川高国因此被足利义稙承认为细川京兆家家督。

六月，足利义稙在京都站稳了脚跟，七月复任将军。细川高国、大内义兴、畠山尚顺辅佐将军足利义稙的体制成立。与在《应仁记》中活跃的安富元纲同族的安富宗纲侍奉细川高国，安富元纲的所谓情人神保长诚的儿子神保庆宗则追随畠山尚顺。安富家与神保家时隔十五年再次身处同一阵营。

永正十五年，由于尼子氏侵犯大内义兴的领地，大内义兴回到周防，于是细川高国与畠山尚顺成为足利义稙的两个顶梁柱。之后，细川高国与畠山尚顺的合作关系一直持续到大永元年。由此可推论，《应仁记》成书年代应为永正十五年到大永元年之间。

日野富子被当成了替罪羊

从以上的说明可以看出，细川高国虽然曾经是义澄派，与足利义稙、畠山尚顺对立，但他是在细川政元被暗杀后，在京兆家的影响力才逐渐增强。因此足利义稙和畠山尚顺怨恨的应该不是细川高国本人，而是细川京兆家。

高层重视的是政治上的利害关系，于是常常出现"昨日的敌人就是今日的朋友"这种情况。问题在于家臣。前文也提到过，中世的人绝不会忘记向敌人复仇。不管是细川家还是畠山家，都有许多人对和杀了自己父亲兄弟的仇人结盟感到不满。细川高国和畠山尚顺必须说服各自的家臣。

足利义稙、细川高国、畠山尚顺为了跨越仇恨需要"虚假的历史"。于是细川京兆家在《应仁记》里创造了一个"神话"：足利义视（足利义稙之父）、细川胜元（细川高国养父细川政元的父亲）、畠山政长（畠山尚顺之父）本来就是合作关系。这样足利义稙、细川高国、畠山尚顺的合作就变成只是恢复原有的关系，也就合情合理了。创造这个"神话"的是安富宗纲。《应仁记》对安富宗纲与神保长诚的关系大书特书，实际上也是对细川京兆家与政长流畠山氏合作关系的礼赞。

现实中的足利义视和细川胜元在应仁之乱时分属西军、东军，二人势如水火。正因如此，细川政元（细川胜元嫡男）在明应政变时才会对足利义稙（足利义视嫡男）穷追猛打。为了解开这个结，就必须虚构足利义视和细川胜元有牢不可破的交情。因此，《应仁记》描绘了细川胜元作为足利义视的监护人如何尽心尽力辅佐义视。

为了使上述"神话"成立，《应仁记》让本来与足利义视关系不错的日野富子和山名宗全背了黑锅。书里这二人为了铲除足利义视而策划了种种阴谋。其中日野富子为谋求山名宗全的协助，送去写得密密麻麻的信，这一幕给人留下了深刻印象。不过正如家永遵嗣指出的那样，这是《应仁记》为了强调日野富子是应仁之乱元凶而捏造出来的。

如前文所述，明应政变时，日野富子把足利义稙从将军宝座上拉了下来，这件事也造成了后来畠山政长的战死，因此足利义稙与畠山尚顺对她怀恨在心。而日野富子在明应五年（1496）去世后，没有什么亲戚在世。把她描述为应当为应仁之乱的爆发负全责的恶人再合适不过了。有了日野富子这个替罪羊，足利义稙、畠山尚顺就有了和细川高国和解的理由。

日野富子恶女说流行的原因有三

但是，日野富子为了自己的孩子而挑唆山名宗全的恶女形象至今仍然深入人心，到底是什么原因呢？无论细川高国阵营如何散布流言，只要大众不信，这个说法根本就传不开。那么，我们就该考虑，这个说法能够流行的基础或许确实存在。

第一，日野富子本来就有疯狂敛财的恶名。拙作《应仁之乱》提到过，日野富子不仅因为爱财而四处搜刮，她还有用自己的巨额财富支持摇摇欲坠的幕府财政的一面。而且日野富子还一直向穷困潦倒的朝廷捐赠巨款。本来捐赠朝廷应该是幕府的事，但应仁之乱后衰落的幕府没有余力，因此就由日野富子代劳了。不过日野富子确实因为乱设关卡到处揽财而受到了社会广泛批评。《应仁记》成书前，日野富子就被视为守财奴，名声不好。

而日野富子参与明应政变，使她的形象彻底恶化。《应仁记》把明应政变中日野富子玩弄权谋的形象追溯到了应仁之乱。但是这两起事件发生时，日野富子的立场和权力有很大不同。明应政变时，足利义政、足利义尚已经不在人世，日野富子是事实上的将军家的家长。反观应仁之乱时，政权掌握在足利义政手里，日野富子的实际权力并不大。可以说，应仁之乱时，日野富子还没有足够的影响力，不可能无视足利义政的意向，凭一己之力提拔山名宗全、畠山义就。

第二，则是歧视女性的问题。当时最有名的文人一条兼良应日野富子之请，为其子第九代将军足利义尚写下了执政指南《樵

谈治要》，然后献给了日野富子。其中一节讨论了女性当政的是
与非。一条兼良认为，虽然自古以来女性执政就被认为是不好的，
但如果执政的是优秀的女性那就不成问题。不用说，这是他对自
己的主人日野富子的奉承。但另一方面，我们也能看到当时的世
人多么反感身为女性的日野富子执掌政权。暂不提日野富子政绩
如何，单单是日野富子身为女性而执政一事就已经足够将其塑造
为恶人。

日野富子当政很难说就是因为她的权力欲过大，她在文明八
年（1476）其兄日野胜光过世之后才握有大权。当时，足利义政
渐渐失去执政的意愿，儿子足利义尚年幼而辅佐之人不足，日野
富子参政也是无奈之举。但是大众并不这么看，后世之人也不这
么看。日本直到现在还没有女性首相，将日野富子看作干政恶女
的偏见一直延续到今天，而且这种偏见可以说是难以消除的。

第三，当时的人并不清楚应仁之乱爆发的原因，这大概也影
响了日野富子的形象。上面提过，应仁之乱的导火索是山名宗全
让畠山义就进京。但是由畠山家的家督之争发展到天下大乱的过
程非常复杂，后来的历史学家也不容易看清楚。各种势力怀着各
自的目的介入畠山氏的内斗，斗争因此不断扩大化、长期化，最
后到了无人可以无法收拾的地步。这么复杂的战乱不可能用一两
句话说清楚，也不容易理解。

人们在为带来巨大影响的重要事件寻找原因时，往往想找到
一个能配得上这个结果的重要原因。前文提到过的本能寺之变黑
幕说，之所以能有许多让人眼花缭乱的说法，就是因为人们有这
样的心理。即，很快会统一日本的织田信长横死对日本史产生了

重大影响，而明智光秀的怨恨作为原因显得微不足道，人们在心理上不能接受这样失衡的解释，于是产生了幕后黑手所为的阴谋论（见第六章）。太平洋战争的某些阴谋说也同理。将如此大的惨祸归咎于日本政府和日本陆海军的视野狭窄和派系斗争显得过于无奈，所以很多人宁愿相信有一个世界范围的大阴谋导致了太平洋战争（见终章）。

应仁之乱也是一样的道理。这起被称为日本历史转折点的大事件，若仅仅是由一户姓畠山的大名家里的内斗引起的，无论如何都难以让人接受。为什么对抗的规模越来越大，又为什么无人能够阻止，这样的解释确实不容易使人信服。与此相对，若说原因是为争夺拥有最高权力的征夷大将军的继承人资格，人们就容易接受多了。

令人称羡的上流家庭里纠缠不清的爱恨情仇，不管什么时代，大众都对此津津乐道。

第六章

本能寺之变有黑幕吗

第一节　单独行动说的介绍

动机不明的阴谋

　　写到这里，终于到了重头戏本能寺之变了。虽说知道的人很多，不过这里还是简单介绍一下经过。所谓本能寺之变，就是在天正十年（1582）六月二日拂晓，织田信长的重臣明智光秀突然袭击了主君下榻的京都本能寺。织田信长身边只有少数贴身侍卫，无法战胜明智的大军，最终一把火烧了本能寺后自尽。有说法称"没有找到织田信长的尸体"因而主张织田信长活了下来，但是更正确的说法应该是"在大量的焦尸中分不出来哪个才是织田信长"。织田信长的嫡男织田信忠也受到明智光秀部队的袭击，最后在二条御所自尽，于是织田家的司令部被连根拔起。

　　织田信长在全日本建立霸权本来只是时间问题，但是他和他的继承人信忠一同死于非命，日本的历史就此改变。如果没有本能寺之变，那么我们就看不到丰臣秀吉统一日本，江户幕府也就不会出现了。因此可以说，本能寺之变是日本史最大的阴谋之一。

　　问题是明智光秀为什么要这么干。他为织田信长效力后不久就深受信任，急速升迁，最后成了领有丹波一国的大名。受了这么大的恩惠，为什么明智光秀要倒打一耙呢？这个问题正是人们都在思考的"本能寺之变的谜团"。

　　使这个问题更加难解的是人们的线索太少了。众所周知，本能寺之变十一天后，明智光秀在山崎一战败给了羽柴秀吉（后来的丰臣秀吉），并在逃亡中丧命。而他的重臣也几乎全部被杀。于是就没有人能够说清明智光秀的动机到底是什么。

　　明智光秀干掉了织田信长后，为了争取支持者应该给很多人写过信，但都没能保存下来。明智光秀失败后，与他有关系的人和知道真相的人害怕被清算，都三缄其口并有计划地毁灭证据。

　　史料少就意味着想象空间大。说句难听的话，"半吊子"就容易有发言权了。因此，关于本能寺之变，不只是日本中世史的专家，业余历史研究者、作家、写手等"侦探"频频登场。如此众说纷纭的事件，日本史里还真找不出其他例子（坂本龙马暗杀也没有这么多的说法）。本章将择要介绍各种观点并奉上本人的见解。

江户时代即存在的怨恨说

　　首先让我们来看看传统的怨恨说。历史小说、戏剧等经常采用这种说法，江户时代初期成书的《续本朝通鉴》等史书也提到了怨恨说。大意就是织田信长过于残暴，明智光秀怒而谋反。东京帝国大学（东京大学）的田中义成等大正、昭和时期的历史学家也持此说。

　　具体来说，明智光秀的怨恨有以下五点：

第一，攻打丹波八上城之际，明智光秀以自己的母亲为人质劝城主波多野兄弟开城，但是织田信长却将城主兄弟杀掉，明智光秀的母亲因此被守城将士杀害。

第二，织田信长命明智光秀接待德川家康，结果席上的鱼是坏了的，织田信长一怒之下解除了明智光秀的接待职务。

第三，斋藤利三离开稻叶一铁转而追随明智光秀，织田信长命明智光秀让斋藤利三回到稻叶一铁那里，明智光秀不从，因此织田信长对明智光秀使用了暴力。

第四，武田氏被消灭后，明智光秀在诹访阵前曾言"到底是没有白费力气"，而对此言不满的织田信长惩罚了明智光秀。

第五，织田信长命明智光秀出兵山阴援助秀吉时，将明智光秀领地从丹波、近江志贺（滋贺）郡迁到出云、石见。出云和石见是未征服地区，明智光秀必须凭自己的力量将其拿下，也就是说，明智光秀实际上被没收了领地。

不过现在的研究认为，以上说法很可能是江户时代编造出来的。首先，第一条所述波多野城事件来源于《总见记》（又称《织田军记》），此书的成书年代是本能寺之变一百年后，因此史料价值不高。而《信长公记》记载明智光秀切断对方粮草，以策略降伏了城主波多野秀治等人，并没有记载他将自己的母亲送给对方当人质。《信长公记》是侍奉织田信长的太田牛一所写的织田信长传记。书中虽有美化织田信长的部分，但作者曾听闻他的言行，只凭这点就比江户时代的军记物语要可信许多。所以第一条应该是江户时代的创作。

第二条也只在《川角太阁记》等不可靠的史料中才有。明智光秀被解职接待职务是由于与毛利氏对阵的秀吉向织田信长求援，于是织田信长给了明智光秀支援秀吉的新任务。接待德川家康不一定非得由明智光秀来做，但是能统领大军的武将，在京都附近却只有明智光秀一人。织田信长当然会在这种情况下解除他的接待一职。第三条和第四条也只在《稻叶家谱》等不可信的史料中才有记载。

最后，记载第五条的《明智军记》同样成书于本能寺之变一百年后，没有太大的史料价值。织田信长确实经常收回家臣的领地，另外给予新的领地，但只限于已经完全平定的征服地，或者将要完全征服的地区，把完全未征服的地区给家臣（变成在没有领地的贫困状态下与敌作战）是不现实的举措。

很多丹波的武士随明智光秀出征，他们并不是明智光秀的家臣，只是因为明智光秀是丹波大名才跟着去的。他们的关系就好比丹波分公司的总经理和他的部下，只要明智光秀被调离那里，他们之间的关系也就结束了。因此，丹波武士隶属于明智光秀部队就极好地证明了他依旧是丹波的大名。关于第五条，德富苏峰很早就认为这仅仅是大正时代的民间传言并否定了这种说法。

总的来说，怨恨说的证据全都是江户时代通俗读物的再创作，并不是历史事实。之所以在此时期编造出了这么多怨恨的理由，说明江户时代的人很难理解为什么明智光秀要背叛对自己有大恩的织田信长。

野心说正式产生于战后

江户时代就有了野心说，但是能够显示明智光秀很早就有夺取天下野心的史料非常缺乏，因此被由前述各种逸事所支持的怨恨说掩盖了。二战前，德富苏峰在《近世日本国民史》中指出明智光秀对织田信长的强势心怀怨恨，同时也认为明智光秀怀有夺取天下的野心，于是抓住千载难逢的机会起兵了。而正式将野心说搬上台面加以讨论则要到二战之后。高柳光寿的《明智光秀》（1958）是一本里程碑式的著作，他围绕着野心说展开了详细论述。

高柳光寿指出，所谓怨恨说都是江户时代通俗读物的创作。如果没有什么特别的怨恨，那么动机就只剩下野心了，即织田信长、明智光秀、羽柴秀吉三人都对天下抱有野心。

不过，这并不是说高柳光寿发现了能够证明明智光秀有野心的史料。他介绍了出自《老人杂话》的一段轶事，说明智光秀将自己的居城命名为周山（意思是明智光秀将织田信长比作暴君殷纣王，将自己比作讨伐纣王的周武王），不过同时也指出这段轶事并非史实。

结果高柳光寿只举出"爱宕百韵"作为明智光秀有征服天下野心的证明。很多小说和戏剧都描写过此事，不过我还是在这里大概说下事情的经过。就在本能寺之变四天前的五月二十七日，明智光秀只带了嫡男明智光庆和少数随从参拜了京都的爱宕山。当时他奉织田信长之命，将要出兵援助秀吉，因此事先求神拜佛也理所当然。在庙里住了一晚后，二十八日，他与连歌师①里村绍巴等举行了连歌会，这就是所谓的"爱宕百韵"。

---

① 连歌师：连歌为日本古典诗歌的一种。连歌师为专门作连歌的人。

　　在连歌会上，明智光秀吟出了这样的诗：

　　　　时机就是现在，天要下雨，应该就是五月（ときは今
　　天が下しる　五月哉）

　　这首诗表面上是吟唱五月的雨，但是明智光秀横死后不久成
书的军记物语《惟任退治记》（别名《惟任谋反记》）写道"如今
回想起来，这就是谋反的先兆"，认为这首诗是明智光秀决心谋反
的证明。虽然该书并未具体说明此诗应如何解读，不过一般的解
释是这样的："とき"①一语双关，既有"时"的意思，又指代"土
岐"（明智氏是土岐一族出身），"天が下"暗指"天下"，"しる"
有"知る（统治）"的意思。

　　桑田忠亲著《明智光秀》（1973）对高柳光寿的野心说提出
了批评："这是一种未能反映现实的，带有先入观念的学说。"对
于强调明智光秀野心的《惟任退治记》，桑田忠亲指出，该书作者
大村由己是秀吉的亲信，为了歌颂秀吉而将明智光秀描写成了恶
人。另外，桑田忠亲推测，明智光秀爱宕百韵中本来写的是"時
は今　天が下なる　五月哉"，而为了突出明智光秀的野心，大村
由己将其改成"ときは今　天が下しる　五月哉"。

　　接着，对于高柳光寿批评的怨恨说，桑田忠亲一方面与高柳
一样，认为《总见记》的波多野城事件、《川角太阁记》的德川家
康接待事件的说法都是后世捏造的。但另一方面，他又援引同时

————————————

① とき：时与土岐在日语中发音均为 toki。

代弗洛伊斯①著《日本史》中织田信长脚踢明智光秀的事件，认为两人确实关系紧张。

即使明智光秀的确怨恨织田信长，他也不可能因此立即谋反。织田信长权倾天下，为了复仇直接与其为敌太过冒险，对明智光秀而言，为了一时愤懑而谋反是一件风险极大的事情，因此人们自然会认为明智光秀的反抗应该有其他能够带来更大利益的原因。那是不是就意味着他想夺取天下呢？桑田忠亲对此持否定态度。连丰臣秀吉、德川家康这样的英雄，也是在织田信长、丰臣秀吉死后才开始考虑夺取天下的，像明智光秀这种程度的武将几乎不可能在织田信长还活着的时候就想夺取天下。

明智光秀不是有志于天下的大人物，这样的看法实际上一点根据都没有，只是桑田忠亲的感觉而已。不过，他的意见确实直指本能寺之变各种学说分歧的本质。近年流行的一种看法是，有人指使明智光秀刺杀织田信长，或者明智光秀有共犯，也就是所谓的黑幕说（下一节详述），这种黑幕说的出发点和前述桑田忠亲的看法有契合的地方。也就是说，因为认定了明智光秀这样的"普通的优秀人物"根本无法刺杀织田信长这样的大天才，所以他肯定不是单独行事，应该还存在着幕后黑手。黑幕说就是在这种思路下诞生的。

我在上一章的结尾曾提到过，当人们看到一件带来巨大影响的大事件时，往往下意识地认为有一个能与其匹敌的大阴谋。关于 911 恐怖袭击，也有阴谋论说是美国在自导自演。区区一个基

---

① 弗洛伊斯：Luis Frois（1532—1597），葡萄牙传教士，1563 年到日本。

地组织怎么能够袭击美国。这种心理正是阴谋论的温床。

戏剧里常有的光秀勤王说与光秀幕臣说

有些说法认为明智光秀举兵并非为了一己之私，而是为了国家。其中之一就是光秀勤王说。勤王说的着眼点在于明智光秀有着良好的古典修养，与公家、僧侣的关系不错，还有就是本能寺之变后他向朝廷献金。

明智光秀重视传统权威，尊崇朝廷，作为一个有实力的大名，因为织田信长有尊皇之志而全力支持织田信长，希望借此使朝廷中兴。但织田信长傲慢日盛（或者说暴露本性），将自己神格化，还曾要求正亲町天皇行幸安土[①]。明智光秀发现织田信长欲凌驾天皇之上后，为朝廷和正亲町天皇举兵讨伐织田信长。勤王说大概就是这样一个思路。很多小说和戏剧即采用这种说法。另外，历史学者小和田哲男的"阻止织田信长匪行说"也包含了勤王说的观点。

如果假设勤王说是正确的，那么就可以认为注重秩序与权威的明智光秀与改革者织田信长的"性格冲突"导致明智光秀心生怨恨，而从明智光秀讨伐了织田信长之后，计划由自己当将军来守护朝廷的想法来看，明智光秀的野心也是很明白的。这说明勤王说不一定会否定怨恨说和野心说，而是能够与之并存。认为几种动机并存的小说和戏剧也不在少数。

如果明智光秀最大的动机是守护朝廷，那么他事前与朝廷通气就再自然不过了。照这个道理，光秀勤王说就发展成了朝廷黑

---

① 安土：滋贺县地名。织田信长于此筑城，作为大本营。

幕说（见后文）。

光秀幕臣说的思路与此相似。众所周知，明智光秀最早追随的是足利义昭。足利义昭得到织田信长拥戴回到京都成为将军后，明智光秀同时侍奉足利义昭和织田信长二人。足利义昭与织田信长开始对立时，明智光秀的立场就显得很尴尬了，他最终抛弃了义昭，选择了织田信长。此时明智光秀的犹豫不决经常成为小说和戏剧的题材。

此后，明智光秀得到织田信长的信任，步步高升，但这并不是说他就完全放弃了幕臣的身份。三鬼清一郎在论文《织田政权的权力构造》（1981）中指出，明智光秀是畿内旧幕臣的首领。当织田信长流放足利义昭（此事标志着室町幕府事实上灭亡）时，如果明智光秀并不赞成这种做法，那么在织田信长大意马虎之际，明智光秀招集旧幕臣，为再兴幕府而举兵就非常有可能了。

这种情况下，明智光秀如果有迎将军足利义昭回京，辅佐将军掌握实权的政治构想，那么可能事前就已经与足利义昭暗通款曲。如此一来，光秀幕臣说就发展成义昭黑幕说。

无论是勤王说还是幕臣说，都视织田信长为致力改革的现实主义者，视明智光秀为保守的、有教养的人，将本能寺之变视为保守派打击改革派的行动。藤本正行对此持批评态度，他认为并没有确切证据表明明智光秀就是保守派。明智光秀确实与公家过从甚密，但织田信长也经常举行茶会，与公家交际应酬。明智光秀因在火烧比叡山时表现活跃而得到织田信长赏赐，离开足利义昭、臣服织田信长也是他的选择。因此倒不如说，明智光秀是一个与织田信长类似的现实主义者。

第二节　黑幕说的介绍

20世纪90年代登场的朝廷黑幕说

　　上节介绍的是所谓的"单独行动说"，本节将介绍所谓的"黑幕说"。主张黑幕说的人认为有幕后黑手指使明智光秀谋反，或者有同谋与明智光秀暗通款曲。

　　如前文所述，黑幕说基于这样一种心理："像明智光秀这样程度的人能凭一己之力讨伐（或下决心反叛）织田信长这样的大人物吗？"如果没有手握实权的人或集团的协助，明智光秀应该不会下决心与织田信长为敌，袭击也不可能这么轻而易举地成功。一些人因此怀疑单独行动说，从而催生出了黑幕说。况且织田信长为人强势冷酷，树敌颇多，很容易就能想出不少欲置其于死地的人。结果，各种各样的人被认定为"幕后黑手"，各种各样的黑幕说出现在人们眼前。

　　最先出现的是20世纪90年代登场的朝廷黑幕说。当时，著名的中世史研究者今谷明在著作中强调朝廷与织田信长的对立关系。受其影响，朝廷黑幕说浮上水面。今谷明批评了战国时代①朝廷式微的传统说法，认为随着将军权威衰弱，天皇的权威则相对地增强，而织田信长也利用天皇的权威扩大自己的实力。但是到了织田信长一统天下的局面初步形成时，对于要确立自己绝对权力的信长而言，一个至高无上的天皇就显得碍事了。于是，织田信长与当时的正亲町天皇产生了激烈的对立，织田信长甚至逼迫

---

① 战国时代：一般认为，日本史的战国时代始于应仁之乱，讫于1568年织田信长入京。此时，群雄割据，大名纷纷登场，为下克上的时代，各地战乱频发。

正亲町天皇让位给诚仁亲王。

今谷明本人并不主张朝廷与本能寺之变有什么关联，但他提出的"织田信长最大的敌人就是正亲町天皇"的观点的影响力很大。受此启发，不断有人提出本能寺之变是朝廷对织田信长攻势的反击，也就是所谓的"朝廷黑幕说"。

本来，如果只是某个作者的个人猜想，那么朝廷黑幕说就不会成为话题了。使此说备受瞩目的是桐野作人、立花京子二人。他们仔细研读《兼见卿记》《日日记》等一手史料后，提出了朝廷黑幕说。特别是立花京子，她向学术杂志投稿，她的论文经过专家审查后得以发表。民间研究者经常会提出一些让人瞠目结舌的观点，这些人经常认为"自己的说法未被接受是因为学术界的大学教授歧视民间研究者"。但是桐野作人、立花京子二人也是民间研究者，他们的研究成果却能够得到学界的承认。所以，歧视说只不过是民间研究者的被害妄想罢了。

其后，桐野作人转向了单独行动说，立花京子转向了耶稣会黑幕说，目前已经没有主要研究者支持朝廷黑幕说了。可以说这已经是一种被抛弃的学说。不过为了理解以后的研究史的发展，还是在这里简单介绍一下朝廷黑幕说。其要点如下：

第一，织田信长打算强迫与自己敌对的正亲町天皇让位给皇太子诚仁亲王，最终让自己的养子五之宫①即位，自己成为太上皇。

第二，织田信长在人生的最后几年里将自己神格化，是为了

---

① 五之宫：诚仁亲王五子兴意法亲王为织田信长养子，六子智仁亲王为丰臣秀吉养子。兴意法亲王又被人称作五之宫。一说，诚仁亲王也称五之宫，但这说法不可信。

让五之宫当天皇，嫡男织田信忠当将军。

第三，朝廷内，诚仁亲王、近卫前久、吉田兼见、劝修寺晴丰等结成反信长同盟，并拉拢勤王派的明智光秀，计划打倒织田信长。

朝廷黑幕说失去了说服力

前面已经说过，朝廷黑幕说的前提是朝廷与武家政权的权力斗争，也就是所谓的"公武对立史观"。不过以今谷明的著作为契机，朝廷与武家政权关系的研究得以发展，最后证明了"公武对立史观"是不成立的。

现在的主流说法是堀新的"公武结合王权论"，强调织田信长与朝廷之间互相依存的关系。在织田信长的经济支援下，朝廷的财政危机得到大幅改善。与其说朝廷敌视织田信长，倒不如说朝廷尽力讨好织田信长这个钱袋子。公武结合王权论的提出使基于公武对立史观的朝廷黑幕说失去了说服力。

首先，关于第一条提到的织田信长强迫正亲町天皇让位，朝廷黑幕说认为天正九年（1581）二月的"马揃"（军事游行）是强迫让位的证据之一。今谷明将此视为织田信长威胁不愿让位的正亲町天皇的军事行动。神田千里则指出，织田信长曾下令此次活动须办得热闹好看。如此一来，与其说是军事威胁，倒不如说有着浓厚的节日气氛。而正亲町天皇也非常欣赏，甚至要求织田信长再办一次，结果在三月又举行了一次。堀新指出，前一年诚仁亲王生母新大典侍突然去世，朝廷一片愁云，游行实为振奋人心之举。

现代人习惯了终生在位的近代天皇制，就容易产生误解，以为中世也是这样。但其实中世天皇在上了年纪之前让位是很普遍的，而正亲町天皇自己也同样希望让位。之所以未能实现，只是因为没有足够的钱财举行仪式而已（织田信长树敌颇多，未能专心致力于朝廷再兴）。

第二条织田信长的自我神格化经常被当作他试图将自身的权威置于天皇之上的证据，而这条同样遭到质疑。织田信长死前几年开始自我神格化的说法，只出现在耶稣会传教士弗洛伊斯的书信和他的《日本史》中，日本人的记录里完全找不到相关记载。实际上，织田信长一直保护着伊势神宫、石清水八幡宫、善光寺等大寺社，看不出他有自我神格化的迹象。弗洛伊斯的书信和《日本史》都写于织田信长辞世之后，他编造了一个织田信长膨胀到自我神格化，惹怒了全知全能的神，最终不得好死的故事。

接下来让我们再来看看第三条所列举的被视为明智光秀同谋者的皇族及公家。

本能寺之变后，诚仁亲王代替天皇命明智光秀恢复京都治安，因此被当作幕后黑手。但织田信长嫡男织田信忠躲进了诚仁亲王居住的二条御所，诚仁亲王自己差点被卷入战斗。织田信忠本来住在二条御所西邻的妙觉寺，如果诚仁亲王果真是同谋的话，那么就应该预测到，作为明智光秀目标之一的织田信忠会逃进比妙觉寺戒备更森严的二条御所。但是诚仁亲王并没有找个什么借口，事先躲入天皇居所，而是待在危险的二条御所，这就意味着诚仁亲王并不知道明智光秀要谋反。况且，二条御所是织田信长让给他的，他对织田信长应该怀有感激之情。

摄关家的近卫前久之所以被怀疑与本能寺之变有关，是因为攻击织田信忠的明智军从近卫前久家向二条御所开枪。但是，这应该被视为不可抗力，近卫前久从织田信长那里获利颇多，并无参与反信长阴谋的理由。

公家吉田兼见在本能寺之变后作为敕使和明智光秀交涉，明智光秀败北后改写了日记，抹除了和明智光秀交涉的记录，因此被怀疑参与了阴谋。但是没有军事力量的朝廷、公家只能顺从支配京都的大名。本能寺之变后，诚仁亲王命明智光秀恢复京都治安也是出于同样的原因。织田信长控制了京都，他们就跟织田信长亲近；明智光秀打败织田信长，他们就努力跟明智光秀搞好关系；秀吉赶走明智光秀，他们就对秀吉笑脸相迎。公家本来就是这样，这不能成为吉田兼见参与阴谋的证据。而且，日记原本就将明智光秀的行动描写为"谋反"，对于明智光秀杀了曾经提拔他的织田信长一事持批评的态度。

劝修寺晴丰是近卫前久的家臣，同时也是武家传奏（朝廷向武家传递消息的窗口）。他在日记《日日记》中有"（明智光秀家老①斋藤利三）是商讨推翻信长的人之一"一条。立花京子注意到这点，由此得出结论"这表明确实有推翻信长的计划，并且晴丰虽未列席但也知道此计划"。这样的解释实在过于牵强。此文的前后内容是"拂晓有个叫济藤藏助（斋藤内藏助利三）的人，是明智的手下，是武家的人，是商讨推翻信长的人之一，被活捉回京都"。可以看出这是记录斋藤利三在山崎之战中败走后，被绑缚京都的内容，从写法来看，劝修寺晴丰并不是很了解斋藤利三。其

---

① 家老：大名家臣中统管政务的人。

至可以认为，这是他第一次听说斋藤利三的名字。再有，我们也找不到他参与明智光秀行动的动机。劝修寺晴丰如果确实参与了明智光秀的计划，应该不会留下可能表明自己做了"坏事"的证据。

三职推任问题

和朝廷黑幕说相关的还有三职推任问题。三职推任指的是本能寺之变即将发生前，织田信长可能被任命为太政大臣或关白或将军的动向。1964 年，岩泽愿彦确定了《日日记》的作者就是劝修寺晴丰，并将其视为记录了本能寺之变前后政治动向的重要史料，而这份史料也证明了织田信长有可能成为征夷大将军。

具体来说，武田氏灭亡后的天正十年四月二十五日，劝修寺晴丰拜访了织田信长家臣村井贞胜。两人在对话中提到了可以任命织田信长为太政大臣或关白或将军（"安土へ女房衆御下し候て、太政大臣か関白か将軍か、御推任候て然るべく候よし被申〈申され〉候、その由申し入れ候"）。

问题是说出可以任命织田信长为太政大臣或关白或将军的是谁？中世的日记经常会省略主语，上述引文也不例外，没有主语。

分析的线索是表示尊敬的助动词"被"。用到了"被"，表明说话人是需要劝修寺表达敬意的人物，也就是地位比他高的人。岩泽愿彦认为这是日记的作者劝修寺晴丰在转述朝廷的意思，这后来成了定论。也就是说，三职推任虽然是劝修寺晴丰说出来的，但他只是转述者，真正做出决定的是正亲町天皇或者诚仁亲王，因此，为了表示对天皇、亲王的敬意，用了"被"字也就不奇怪了。

可到了 1991 年，立花京子发表了新见解。她将《日日记》

中所有"被"的用法做了统计，并进行了分析，推定上文是村井贞胜的发言。身为权中纳言的劝修寺晴丰在叙述地位比他低的村井贞胜的行为时使用敬语，看上去有些不通，但是《日日记》中还有其他用敬语描述村井贞胜行为的例子，所以这里的用法没有问题。

立花京子进一步展开，主张织田信长授意村井贞胜，强迫朝廷任命其为"太政大臣或关白或将军"。织田信长的强势激起了朝廷的反感，最终发展成本能寺之变。就这样，立花京子将三职推任问题当作朝廷黑幕说的依据。

也有人对立花京子将三职推任的发言者视为村井贞胜的看法提出异议，不过近年来谷口克广和金子拓都支持立花京子的看法，我也持此看法。但村井贞胜的发言是织田信长授意的吗？二人面谈后的五月四日，劝修寺晴丰作为敕使向织田信长传达朝廷的意向："关东平定（讨伐武田）有功，想封你为征夷大将军。"《日日记》关于织田信长回复的记录非常模糊，因此产生了暂时不回复和拒绝就任将军两种看法，但可以确定的是，没有"遵命"之类的说法。无论如何，织田信长一边要求"当太政大臣或关白或将军"，一边在旨意下来时加以拒绝，是讲不通的。

堀新指出，如果织田信长要通过村井贞胜提要求的话，那他应该有"我要当将军"这样明确的目标，而不是三个官里随便哪一个都行。他认为织田信长并未参与此事，村井贞胜不过是在陈述自己的想法。

织田信长在天正六年辞任右大臣、右近卫大将的官职后，没有再担任官职。天正九年，织田信长拒绝了朝廷提出的出任左大臣的提议。织田信长颇有忠义之心，总觉得既然当了高官，那么必得为朝廷尽心。反过来说，当时的他腹背受敌，无法专心处理朝廷事务，那就不能做大臣了。

织田信长的这种态度想必令朝廷感到不安。"会被织田信长抛弃的吧"，这样的想法渐渐抬头。如果能将织田信长拉到朝廷做官，那么强烈的责任感会驱使织田信长继续捐助资金，助朝廷一臂之力。因此，朝廷一有机会就想授予织田信长官职。

天正十年三月，武田氏灭亡。对朝廷来说，这正是给织田信长封官的好机会。朝廷在思考给织田信长什么样的官职比较好，于是询问村井贞胜"织田信长会接受什么职位"，对此，村井贞胜提出"太政大臣或关白或将军还不错"，将这三个官职作为候补。结果朝廷选择了与征伐东夷的战绩最相称的征夷大将军一职。

总而言之，朝廷希望与为自己提供资金的织田信长搞好关系。由此可见，朝廷敌视信长的说法并不成立。三职推任问题非但不是朝廷黑幕说的证据，反而能够证明双方关系良好。

义昭黑幕说带来的冲击

织丰期研究者、三重大学教授藤田达生则有不同主张。他在不排除朝廷（具体说是近卫前久）可能参与了本能寺之变的同时，主张寄身于毛利氏的将军足利义昭是阴谋的主导者。1996年，他发表了名为《从织田政权到丰臣政权：本能寺之变的历史背景》的论文。之后只要一有机会，他就不断修订强化自己的观点。藤田达生关于本能寺之变研究的集大成者是《解密本能寺之变》（2003）一书。

如前文所述，一直以来都有保守派的明智光秀为了复兴室町幕府而举兵的说法，但是日本中世史方向的大学教员直截了当地说出"足利义昭指使明智光秀杀掉织田信长"的话，仍然带来了很大的冲击。藤田达生是专业学者，他通过发掘本能寺之变的新史料，将义昭黑幕说提高到了学术的水平。因此，大家会关注藤田说也就理所当然了。他的观点可以概括成如下几点：

第一，将军足利义昭被织田信长从京都流放后，转移到备后国 ① 一个叫鞆的地方，开设了所谓的"鞆幕府"，任命毛利辉元为副将军，对抗织田信长。

第二，本能寺之变后的六月十二日，明智光秀收到纪伊杂贺众的土桥平尉 ② 的来信后，在回信中提到会尽力使足利义昭重返京都，足利义昭因此被认为指使明智光秀通过政变颠覆织田政权。

第三，明智光秀发动军事政变前，曾联络过长宗我部元亲、本愿寺教如、上杉景胜，想以拥护足利义昭的名义纠集反信长势力。

第四，朝廷欲立织田信长为将军（这意味着解除足利义昭的将军之职），明智光秀为阻止此事而发动政变。

比起朝廷黑幕说，义昭黑幕说更令人信服。朝廷对支持自己财政的织田信长抱有感激之情，而足利义昭则不同，他对流放了自己的织田信长心怀怨恨，这一点得到了史料的证明。而且足利义昭还曾组织过信长包围网 ③。因此，明智光秀奉足利义昭之命纠

---

① 备后国：现在广岛县府中市一带。
② 纪伊杂贺众是由纪伊国杂贺庄等地区的地方武士组成的佣兵集团，在当时拥有数千挺火绳枪，军事实力不容小觑。土桥氏一族是杂贺众之一。
③ 历史上共有三次信长包围网，反信长的势力联合起来对抗信长。其中第二次和第三次由足利义昭策动。

集反织田势力，并不是难以想象的事情。对于明智光秀来说，与朝廷站在一起虽然可以确保大义名分，但对加强自己的军事实力并无帮助，而获得足利义昭的支持则意味着能够与毛利氏等势力联手。

藤田达生进一步说明："从军事上看，明智光秀的军事实力最多只能通过奇袭织田信长来夺取政权，但不足以维持之后的政权。所以，如果要发动军事政变，那么他必须事先确保自己与毛利氏、长宗我部氏、上杉氏等有强大军事实力的战国大名的团结。"

我们可以从藤田达生的分析中一窥各种黑幕说诞生的理由。对于后世的我们来说，明智光秀的举事相当缺乏考虑。他或许能够推翻织田信长，但是之后如何维持通过政变夺取的政权呢？实际上，明智光秀的天下只维持了短短十天。有一种说法认为明智光秀有精神问题，但是从其对织田信长、织田信忠父子的周到的处理手法来看，还是应该认为他具有正常的判断能力。如此一来，就应该认为明智光秀也考虑过推翻织田信长后的战略，既然单独对抗织田家的反击是非常困难的，那么他事先应该和其他势力建立了合作关系。

而他如果要找人合作，之前的主君、将军足利义昭无疑是最合适的人选。比起很多胡说八道的黑幕说，义昭黑幕说还是有一定合理性的。

义昭黑幕说的问题

虽然如此，义昭黑幕说仍有许多问题。首先第一条，天正十年的足利义昭是否有能力纠集全国反信长势力颇值得怀疑。谷口克广指出，从天正五年年中开始，足利义昭不再号召全国大名打倒织田信长，而是越来越依赖毛利氏。但毛利氏并没有追击断然实行中国大折返的秀吉，当织田信长横死，足利义昭欣喜地请其帮助自己返回京都之际，毛利氏也显得非常冷淡。可以说，当时的足利义昭作为将军的影响力已越来越小，所谓的"鞆幕府"也已名存实亡。

如果明智光秀真的事先与足利义昭有合作，那么合作最大的目的就是通过足利义昭联络毛利氏，利用毛利氏将秀吉牵制在中国地方。反过来说，如果毛利氏在秀吉这件事上帮不上忙的话，那么特地与足利义昭合作就毫无益处。

不过藤田达生也承认，没有证据证明毛利氏事前知道明智光秀的反叛计划。毛利氏一直在与秀吉和谈，想尽方法避免与织田军决战。假设足利义昭与明智光秀合谋的话，那么毛利氏应该听到了风声。毛利氏什么也不知道，就意味着足利义昭也不知道明智光秀的计划。

关于第四条任命织田信长为将军一事，前面已经提过，织田信长没有说过"要当将军"。虽然可以解释为只不过是装腔作势没有立即应承，但是就字面意思来看，织田信长对此任命的态度并不积极。正如神田千里所推论的，这是因为织田信长顾忌现任将军足利义昭。

织田信长总被看作秩序破坏者，但现实中，他相当尊重天皇、将军、大寺院等。流放足利义昭后，他也曾经试图与其和解。织田信长彻底的现实主义者的形象，是基于到日本的耶稣会传教士写给耶稣会总部的报告书创造出来的。传教士没有向本国报告他们的庇护者织田信长对日本传统仍保持敬意，而是极力夸大了织田信长的理性与进步。

关于第二条，天正十年六月十二日明智光秀给土桥平尉的信中有一段话"上意馳走申し付けられて示し給い，快然に候，然而，御入洛事，即ちご請け申し上げ候"。藤田达生将此翻译为："协助上意（足利义昭）之命，已经知悉，多谢告知。但关于（义昭发出的让他）回到京城的要求，我（明智光秀）以前也收到过。"藤田达生据此主张，本能寺之变前，足利义昭就与明智光秀有联系。

不过，细察原文，找不到含有"以前"之意的词语。更何况，既然明智光秀已经答应帮助足利义昭回京，那么土桥平尉请求明智光秀"协助将军回京"就显得奇怪了。分析其原因则有两种可能：一个是，土桥平尉不知道足利义昭和明智光秀已有合作；另一个是，虽然明智光秀回复说会协助义昭"回到京城"，但是一直没有行动，因此土桥来信催促。若为前者，那么足利义昭的回京计划未免过于草率。若为后者，那说明明智光秀没有把足利义昭当回事。无论怎么看，这段文字都无法支撑藤田达生的说法。

之所以藤田达生会翻译出"以前"一词，是把原文中的"然而"读作"しかれども"，把它当作转折的"然而"来解释。但是桐野作人、藤本正行则认为应该读作"しかして"，当是表示顺接的"于是"之意，这样句子就显得比较通顺。也就是说，明智光秀得到土桥平尉的信后才第一次获知足利义昭的回京计划，于是回信说会提供帮助。这段史料证明，本能寺之变后，明智光秀在考虑如何与足利义昭合作。同时也证明，事变之前二人并无合作。

即使在本能寺之变后，明智光秀也没有积极主动地接触足利义昭。六月九日明智光秀给旧幕臣细川藤孝的信中并未提到足利义昭。明智光秀本希望和自己关系不错的细川藤孝能加入自己一方，但是细川藤孝为了悼念织田信长而剃掉头发，拒绝了明智光秀的劝诱。明智光秀急忙送去亲笔信，希望能说服细川藤孝，这封信同样未提及足利义昭。

如果明智光秀讨伐织田信长是受命于足利义昭，那么对于细川藤孝这个足利义昭的旧幕臣来说，这会是很有说服力的理由。反过来说，信中未提及足利义昭恰恰说明明智光秀并非奉足利义昭之命，而且讨伐织田信长后，他也没有拥立足利义昭的想法。

明智光秀给土桥平尉回信是在六月十二日，也就是山崎之战开始前一天。此时，他的姻亲同时也是与力大名①的细川藤孝、筒井顺庆等没有像他期待的那样支持他，而秀吉率大军直逼京都，在如此绝望的处境下，明智光秀终于决定迎足利义昭回京。这就像溺水者抓住了一根稻草。

阴谋实施前的联络过于危险

第三条说明智光秀曾联络过长宗我部元亲、本愿寺教如、上杉景胜，实情如何呢？谷口克广指出，所谓与长宗我部元亲和本愿寺教如的合作，证据薄弱。对于和上杉景胜的合作，藤田达生则以河隅忠清六月三日给直江兼续的书信为证据，此文收录在《觉上公御书集》里（原文为"一昨日，须田相模守方より召仕の者罢り越し，才觉申す分は，'明智の所より鱼津迄使者指し越し，御

---

① 与力大名：织田信长创立的制度。他们从织田信长处获得领地，在军事行动上受织田信长之命，跟随特定的大名。

当方無二の御馳走申し上ぐべき由申し来り候'と承り候")。

《觉上公御书集》为米泽藩上杉家编撰的编年史，记载了上杉景胜任家督时上杉家发生的事情，以条目形式书写，典据出处均有注明。现存《觉上公御书集》为江户时代后期平田范隅所书，原本编纂时间为江户前期。此书所载河隅忠清书信是有关本能寺之变的第一手史料。

藤田达生的功劳在于向世人介绍了这个史料，但是他对史料的解读却值得再斟酌。他根据"六月三日"的日期和"一昨日、須田相模守方より召仕の者罷り越し"一句，认为六月一日上杉家臣兼越中方面的司令官须田满亲向越后春日山城的上杉家臣河隅忠清传达"明智的使者已到越中鱼津城"的消息。如果这个解释是正确的，那么明智的使者最晚在五月底已经到了鱼津城。前面已经提过，本能寺之变发生于六月二日，因此藤田达生主张，明智光秀在决定谋反前派出使者是向上杉传达谋反计划。

然而同样编纂于江户前期米泽藩的《历代古案》也收录了几乎一样的河隅忠清书信，但是没有日期和收信人。《觉上公御书集》里的日期和收信人有可能是平田范隅在抄写时添加的。因此，六月三日这个日期不一定可信。

鱼津城在五月底被织田军队层层包围（六月三日陷落），[1] 明智光秀的使者潜入城中并非易事。万一被织田方的士兵抓到，走漏风声的话，那就万事休矣。这么大的风险值得冒吗？

藤田达生推测，织田方面与上杉方面在进行和谈时，鱼津城

---

[1] 当时负责攻略上杉氏的是柴田胜家的军团。

有可能会打开城门，所以当五月二十七日、二十八日织田方面的包围比较松散时（二十九日再度开战），明智光秀的密使乘机混入鱼津城。但是，明智光秀又是如何预见织田方面的包围会暂时放松呢？就算明智光秀的使者进入了鱼津城，也不能保证上杉景胜一定会支持明智光秀。有必要冒着情报泄露的风险这样做吗？桐野作人的推测则比较合理，那就是明智光秀使者入城并非五月末，而是当柴田胜家得知本能寺之变而撤军的六月八日之后。

还有，藤田达生对明智使者所言"御当方無二の御馳走申し上ぐべき"所做的解释也不合理。他将其翻译为"希望上杉家能为我方尽最大努力"。明智光秀只不过是织田信长的家臣，解释成希望上杉家为他"尽最大努力"未免过于自大，所以尽力的对象不可能是明智光秀。因此，藤田达生认为这里不是为了明智光秀，而是为了将军足利义昭。也就是说，明智光秀在足利义昭的指示下，拜托上杉景胜协助足利义昭重掌大权。

但是，如果明智光秀确实在辅佐足利义昭的话，那么他应该会用到诸如"上意""公仪"之类的词来表达这是义昭的意思。再者，假设这确实是足利义昭所言，只是一味要求上杉氏帮忙也相当失礼，作为说服的语言显得有些蹩脚。铃木真哉和藤本正行认为这句话的意思不是"希望上杉家为我方尽最大努力"，而是"对上杉家，我（明智光秀）将尽最大努力"。明智光秀为上杉氏尽力，因此也希望上杉氏帮助自己。

我们不清楚明智光秀具体打算如何"尽最大努力"，大概是他不久后会派援军到北陆，在此之前希望上杉氏先拖住柴田胜家的部队吧。

近年，石崎建治提出了新的史料，即（天正十年）六月九日上杉景胜给游足庵（奥州芦名氏的外交僧）的信，从信的内容来看，上杉景胜并未掌握本能寺之变的真实情况。信的内容大概是，秀吉被毛利的军队包围，织田信长出兵援救，但是在援救前，秀吉战死，织田信长无奈退兵，就在这时，津田信澄（织田信长之侄、明智光秀女婿）背叛，导致织田信长自尽。如果上杉景胜事先知道明智光秀谋反的话，那么他就不会相信这么离谱的传言了。

共谋的实际利益不大

明智光秀不是在政变前而是在政变后才联系上杉景胜，这再次提醒我们策划阴谋过程中保密的重要性。

不只是藤田达生，持黑幕说的人都强调，若非明智光秀事前建立了强大的联盟，他是无法下决心对抗织田信长的。但是，事前建立同盟带来的并不总是利益。

如果像之前足利义昭发动信长包围网时一样，反信长势力团结起来的话，其力量将超过织田信长。武田信玄突然背叛织田信长，开始率军西进，发动攻势之际，织田信长迎来了人生中最大的危机。

不过在天正十年这个时间点，就算织田氏以外的大名们团结起来，也很难战胜织田信长。不管是毛利氏还是上杉氏，都在与织田氏的战斗中处于劣势，即使织田信长死了，他们也不可能组织大规模反击。他们那时已经没有余力了。

事先结成同盟只有在协调作战时才有意义，只要不是诸势力一起攻打织田领地，那么就没有必要专门结盟。日德意三国军事同盟被视为日本的失策，究其缘由，正在于即使没有协同作战的计划（比如日本、德国一起攻打苏联等）却依然缔结了同盟。只是为了"敌人的敌人是朋友"这种单纯的理由，就建立名义上的同盟，而实际上各为自战的话，这种同盟是没有任何意义的。

也许有人会反驳，如果事先知道织田信长将死，那么大规模的反攻作战岂不是可以在织田信长死时同步展开吗？但是，这样就需要到处告知家臣们"织田信长很快就要死了，做好准备反攻"，这么大肆宣扬也不现实。再者，即使明智光秀在发动进攻前通知了上杉氏和毛利氏，他们事前能做的事情也非常有限。

事先联系的好处，最多不过可以防止上杉氏和毛利氏过早向织田氏投降。然而，就算没有事先联系，等到织田信长一死，织田家大乱，他们如果判断这是可乘之机，自会发动反击，攻打织田领地。反过来说，即使他们事先承诺要帮助明智光秀，这样的承诺也毫无意义。上杉景胜和毛利辉元本来并不认识明智光秀，信赖关系更无从谈起。他们如果觉得攻打织田家有困难，完全可以静观织田家与明智光秀的争斗，然后支持对自己有利的一方。

下一章将提到关原合战，关原合战的例子能更加清楚地说明这个道理。毛利辉元通过安国寺惠琼与石田三成取得联系，起兵攻打德川家康。但是在这次合战中，毛利军实际上是旁观者。尽管毛利辉元与石田三成是旧识，但毛利辉元依然未遵守诺言。由此可见，老练的明智光秀根本不可能对素不相识的上杉氏和毛利氏抱有多大的期待。

总而言之，无论事先是否共谋，上杉氏和毛利氏能采取的行动都不会有太大改变。如此一来，明智光秀就没有必要冒着被发现的危险事先与他们共谋了。只要他们两家还在，就能起到牵制秀吉和柴田胜家的作用，这对明智光秀而言已经足够了。

但是毛利辉元同秀吉达成和解，并未追击挥军前往京都的秀吉。上杉景胜也回避了与柴田胜家北陆军的对决，出走北信浓。事态的发展证明，明智光秀打错了算盘。如果明智光秀和足利义昭、上杉景胜事前商量过而又陷于如此局面，只能说他愚蠢到了无以复加的程度。但是，这应该是不可能的事情。明智光秀应该想到了，即使事前合谋过，上杉氏和毛利氏最后也会采取对自己有利的行动，而且也不可以苛责他们的判断。

过于荒诞无稽的耶稣会黑幕说

提出过朝廷黑幕说的立花京子，在《织田信长与十字架》（2004）中推翻了自己的说法，转而提出耶稣会黑幕说，其概要如下：

第一，耶稣会是南欧（西班牙、葡萄牙）势力征服亚洲的先锋。

第二，耶稣会在军事上和经济上支援了织田信长统一日本的大业，其目的是让织田信长以武力征服中国，使其变成一个基督教国家。

第三，但由于织田信长将自己神格化，想要脱离耶稣会独立，所以耶稣会利用明智光秀推翻织田信长，之后又利用秀吉推翻明智光秀。

立花京子之前提出的朝廷黑幕说曾在学术界成为话题，而这次的耶稣会黑幕说由于过于荒诞，谁也没有将其视为正经学说。同明治维新罗斯柴尔德黑幕说一样，这个说法是一个典型的阴谋论，认为历史完全按照某人或某集团的构想发展。

耶稣会黑幕说最大的问题是完全没有史料能够证明耶稣会对织田信长的军事和经济支援。日本方面的史料里没有相关记载，耶稣会方面的史料里也没有。立花京子辩解说，这是因为太过机密所以没有写。照这种想法来看待问题的话，什么样的结论都能言之成理了。说得极端些，按这样的思维，耶稣会黑幕说和"本能寺之变是外星人的阴谋"也没什么区别了。

耶稣会研究表明，耶稣会日本支部财政困难，并无余力在经济上支援织田信长的统一大业。客观地讲，不是耶稣会支援了织田信长，而是织田信长保护了耶稣会。

另外，耶稣会日本支部重要人物奥尔冈蒂诺在本能寺之变后，因怕明智军袭击安土城而逃往琵琶湖中的小岛，途中遇袭，还被湖贼夺去了财物，遇到了许多不幸的事。如果耶稣会参与了本能寺之变的话，这样的事情是不可能发生的。

秀吉黑幕说是马后炮

顺便介绍一下秀吉黑幕说。这种观点认为秀吉和明智光秀是同谋，或者秀吉诱导了明智光秀，很多作家都持这种看法。明智宪三郎主张的虽然是家康黑幕说（见下节），但同时也认为秀吉知道明智光秀的谋反计划。这可以看作秀吉黑幕说的亚种。

为什么秀吉被认为是幕后黑手呢？因为在本能寺之变中获得最大利益的人就是他。这里，我们又看到了"谁获得最大利益，谁就是主谋"这样的思维。如果没有事前准备就不可能有中国大折返，这也被当作论据之一。

本能寺之变后，秀吉和毛利氏迅速达成和解。本能寺之变是六月二日，达成和解是六月四日，确实快得惊人。秀吉黑幕说的支持者认为，因为提前知道织田信长会被攻击，秀吉已经取得了小早川隆景及安国寺惠琼等人的理解，所以和解才这么迅速。

但实际上，由于秀吉的水攻，毛利方面已经无法救援备中高松城，提出和解的其实是毛利方面。听说织田信长出兵的消息后，秀吉盛气凌人地提出要毛利氏割让备中、备后、美作、伯耆、出云五国，因此交涉没有进展。但秀吉得知本能寺之变后做出让步，只要求割让备中、美作、伯耆三国并要求备中高松城主清水宗治切腹。此时，毛利氏对本能寺之变一无所知，痛快地答应了条件。

也有人质疑为何秀吉这么快就得到本能寺之变的消息。这也不难推测，因为秀吉知道织田信长出兵，他需要掌握织田信长的动向（什么时候能到）。织田信长部队到了的话，秀吉与毛利方面的交涉方针也会随之改变。秀吉已经布好了情报网，因此及时获知了明智光秀谋反的消息。

如前文所述，还有人认为中国大折返的惊人速度就是秀吉事前了解实情的证据。特别是从沼城（现冈山市）到姬路有七十公里，秀吉的部队只用一天就走完了，确实让人忍不住怀疑有什么隐情。不过正如谷口克广指出的，实情是只有主要的家臣（骑马的武士）才一天就到了姬路，而步兵并没有这么快，事实上，没赶上山崎之战的人同样为数不少。

明智光秀讨伐织田信长后，他再讨伐明智光秀，由此继承织田信长的地位。将这一连串举动视作秀吉的算计，只能说是马后炮。就算秀吉事前与安国寺惠琼等人确有共谋，也不能保证毛利氏得知了本能寺之变后不撕毁和议，攻击秀吉。

实际上北条氏政就是这么做的。他得知京都方面有异变后，答应帮助上野的泷川一益，但是确认织田信长的死讯后，转头攻打上野。秀吉缔结和约后，也是先观察毛利军队的动向，然后才开始撤退的。在织田政权中，秀吉是最成功的人，没有理由冒着被毛利氏和明智光秀夹击的危险谋杀织田信长。更何况，稍有不慎，他就会亲手把天下人的宝座送给自己的对手明智光秀。这样的阴谋对秀吉到底有什么好处呢？

第三节　黑幕说是阴谋论

黑幕说的特征

铃木真哉和藤本正行共著的《织田信长是被阴谋所害吗：可笑的本能寺之变阴谋说》（2006）一书，对义昭黑幕说、耶稣会黑幕说等各种黑幕说进行了批评。特别重要的是，他们在书中总结了多数黑幕说的共同特征，其概要如下：

第一，提到了幕后黑手策划行动的动机，却没有说明被认为是幕后黑手的人或集团如何劝说、诱导明智光秀（如果明智光秀不同意，事情有可能传到织田信长耳朵里）。

第二，没有说明计划实施期间防止机密泄露的策略。

第三，没有说明即使明智光秀同意了，他如何说服重臣。

第四，没有说明幕后黑手以哪些具体的行动来支援明智光秀谋反。

第五，最关键的是没有能够证明观点的史料。

其中的第三条和第五条，同时也是怨恨说和野心说等传统学说的弱点，也许不应该以此过分指责黑幕说。对于第四条，支援行动难以界定，往往沦为口水仗，这里不进一步分析了。

而第一条和第二条则直指要害。黑幕说有一个前提，就是明智光秀很早就开始策划谋反，并与其他势力暗通款曲。如此一来，执行计划的明智光秀就有必要在事件发生前，将谋反的时间告知同伙。

但是事前决定行动时间并通知其他人是一件非常困难的事情。为了攻击织田信长，需要织田家的有力武家都离开畿内，京都附近只剩下明智光秀统领的大部队。但现实情况是，如果不考虑与毛利氏作战的秀吉、与上杉氏作战的柴田胜家，其他大将都是事发前不久才被派到远方的。泷川一益的领地由伊势变为上野是在天正十年三月，织田信孝和丹羽长秀出征四国直到五月七日才定了下来。而明智光秀能够堂堂正正集结兵力，则要到五月十七日受织田信长之命出征中国地方（支援秀吉）后。

后面我还会详述，明智光秀为了避免织田信长与长宗我部氏彻底闹翻做了不少工作。结果明智光秀的努力成了泡影，织田信长决定征讨长宗我部氏，但这也证明两人和解的可能性是存在的。另外，明智光秀自己也有可能被命令离开京都去征讨长宗我部氏。明智光秀根本不可能提前预知畿内会有军事真空，会出现只有他能动员京都周边部队的情况。即使我们假设明智光秀对织田信长有所不满，五月十七日之前，明智光秀也不会想到用谋反来解决问题。通知其他势力自己要推翻织田信长当然不可能了。

甚至到了十七日，明智光秀也未必已经下定决心谋反。织田信长已经把家督之位让给了嫡男织田信忠，天正五年下半年开始，织田信忠代替织田信长作为织田军总指挥的次数越来越多。比如天正十年三月讨伐武田氏之际，织田信忠就是实际上的总大将。这种情况下，就算杀掉织田信长，其他武将也会在织田信忠麾下讨伐明智光秀。预想到这一点，也就知道明智光秀谋反的成功率是很低的。

总而言之，要使谋反成功需要同时抹杀织田信长和织田信忠，这是非常困难的。

德川家康在安土城受到织田信长款待，应织田信长之邀到畿内观光，五月二十一日上京，二十七日去往堺。负责接待德川家康的织田信忠本来要和他一起前往堺，但为了迎接父亲织田信长才变更计划，留在了京都。此时，明智光秀举兵的条件第一次出现了。正如弗洛伊斯在给耶稣会的报告中所言，"他（明智光秀）见到织田信长与世子（信忠）都在京都，也没有多少兵力，于是判断这是除掉二人的良机，决定实行计划"。

这样的状况绝非明智光秀抑或"幕后黑手"凭人力可以实现的，这是运气或者说织田信长的大意创造的条件。因此，应该把这看作明智光秀逮住了突然出现的好机会，临时起意的单独行动。

前文提到过，本能寺之变后，明智光秀为了争取细川藤孝的支持曾修书一封。对于为何起事，他在信中写道："我们之所以有此突然之举，全是为了忠兴而为，此外别无他想[1]"。细川忠兴是明智光秀的女婿，也是细川藤孝的嫡男，这里明智光秀说本能寺

---

① 原文：我等不虑之仪存じ立て候事，忠興など取立申すべきとての仪に候，更に別条無く候。

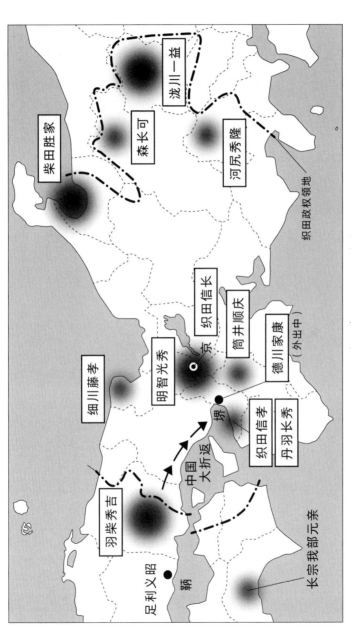

织田政权的版图和本能寺之变发生时诸将的位置

柴田胜家

泷川一益

森长可

河尻秀隆

织田信长

筒井顺庆

京

明智光秀

细川藤孝

德川家康（外出中）

织田信孝

丹羽长秀

堺

中国大折返

羽柴秀吉

足利义昭

鞆

长宗我部元亲

织田政权领地

之变是为了细川忠兴而为。

　　这当然是为了劝说细川藤孝之辞，不可全信。但是政变后专门进行说明一事，则表示明智光秀事前甚至没有向关系最亲密的武将细川藤孝透露过计划。而且，我们也看不到明智光秀曾对女婿津田信澄透露过计划的证据。可以认为，明智光秀非常注重保密，并未找别人帮忙。

　　织田信长、织田信忠都是暂时留在京都。织田信长是在出兵中国地方的途中顺道来京都。织田信长离开京都，织田信忠势必一同离开。他们一走，明智光秀就将永远失去同时除掉两人的机会。由于非得等到两人同在京都时才能动手，所以明智光秀根本没有时间跟任何人商量。相信黑幕说的人认为，明智光秀有一个万无一失的计划，但是在这种情况下，比起巧迟，更重要的是拙速。因此难以认为明智光秀能够与将军足利义昭、大名抑或其他权势者联络通气。

四国政策变更说近来有成为主流的趋势

　　铃木真哉、藤本正行严厉批评黑幕说后，将织田信长变更四国政策当作明智光秀谋反动机。这种说法越来越受人瞩目。早在二战前，德富苏峰就提出，织田信长决定征讨长宗我部氏促使明智光秀反叛。但一直以来，这只被当作种种原因中的一种，并不引人注目。随着黑幕说受到越来越多批评，这种说法渐渐被看作明智光秀的直接动机。下面简单介绍一下这种说法。

　　天正三年（1575），织田信长正式承认土佐的长宗我部元亲领有其以武力夺取的四国土地。织田信长此举是为牵制四国敌对的三好一族。当时，织田信长任命明智光秀为长宗我部氏的取次（相当于外交官，为织田信长与长宗我部元亲传话）。

未料三好康长于同年背叛同族，投降织田信长，被信长任命为河内半国守护。之后，织田信长不断思考长宗我部元亲和三好康长孰轻孰重，随着前者势力急速扩大，织田信长开始感到威胁，渐渐倾向于三好康长。

天正九年二月，三好康长得到织田信长的许可，进入阿波，占领了胜瑞城。他控制了阿波北部，甚至将势力扩张到赞岐东部。这时，织田信长改变心意，只承认长宗我部元亲对土佐和阿波南部的占领，并要求其返还伊予和赞岐。

长宗我部元亲对织田信长的背信弃义感到愤怒，反驳道："四国是我凭实力打下来的，不是信长大人赏给我的，没有理由还给你。"明智光秀见此，担心织田信长和长宗我部元亲对立，派老臣斋藤利三兄长、元亲的姻亲石谷赖辰前去劝说，结果元亲不为所动。

天正十年二月，织田信长提出新的四国分割方案。方案如下：赞岐给织田信孝（织田信长三男、奉织田信长之命成为三好康长养子）；阿波给三好康长；伊予、土佐的归属延后决定。

该方案完全没有提及长宗我部氏的待遇，长宗我部氏担心所有领地都会被夺走。

织田信长与长宗我部元亲断交，作为取次的明智光秀就会颜面尽失。为重获织田信长的器重，明智光秀只能作为攻打四国的司令官，使长宗我部氏屈服。

这并非不可能。秀吉曾当过毛利氏的取次，织田信长与毛利氏一断交，他立刻成了讨伐毛利氏的司令官。明智光秀同样有可能率军攻打四国。

　　然而，到了天正十年五月，织田信长任命三男织田信孝为攻打四国的司令官，随行的是丹羽长秀，明智光秀被排除在外。织田信长大概是担心明智光秀和长宗我部氏关系亲密，如果让明智光秀负责的话，他会下不了手。

　　织田氏与长宗我部氏关系恶化是在天正十年，之后，明智光秀再未被委以重任。

　　天正十年三月，明智光秀虽然随军出征攻打武田氏，但先锋织田信忠灭亡了武田氏，明智光秀未能立下战功。之后不管是招待德川家康，还是援助秀吉，他都不得不协助他人。

　　本能寺之变时，明智光秀的年纪一般认为是五十五岁，此说的根据是江户时代中期成书的《明智军记》。但是，谷口克广认为《当代记》更可靠。根据《当代记》，明智光秀的年纪就应该是六十七岁。

　　如果谷口克广的主张是对的，秀吉四十六岁，丹羽长秀四十八岁，泷川一益五十八岁，柴田胜家五十六岁到六十一岁之间，都比明智光秀年轻不少。天正八年，织田家的老臣佐久间信盛、林秀贞等相继被放逐，考虑到这些前例，失去了织田信长信任的明智光秀很可能因为失去了利用价值而被肃清。

　　于是，对前途感到悲观的明智光秀抓住了这个千载难逢的机会，决心谋反。这就是近年来成为主流意见的四国政策变更说。

明智宪三郎的奇说

　　随着铃木真哉、藤本正行、桐野作人、谷口克广等人对黑幕说的批评，黑幕说声势渐弱。对此，明智宪三郎反驳铃木真哉等人的说法不过就是回归高柳说，而他本人再次提出了黑幕说。

明智宪三郎的看法可以称为家康黑幕说（他本人不喜欢这个叫法）。简单说就是，织田信长命令明智光秀去攻打德川家康（伪装成出兵中国地方），结果对织田信长不满的明智光秀和德川家康联手消灭了织田信长。

那么谋反的动机又是什么呢？明智宪三郎认为，四国政策变更是明智光秀谋反的原因之一，但最大的目的是阻止织田信长征服明朝的计划。他推测明智光秀是这样想的："如果支持织田信长统一天下，就能结束持续百年的战争状态，带来天下太平，那么为此东奔西走、费尽心机是值得的。但是现在已经能够看到成功的曙光了，却又要打仗，而且还要越过大海在没有到过的异国打战。"

明智宪三郎放言自己破解了前人从未解开的谜团，但是八切止夫就曾提出过明智光秀冤罪说，认为本能寺之变与德川家康有关，并因此引起很多讨论，所以并不能说这是明智宪三郎的独创。至于织田信长利用明智光秀谋杀德川家康却被明智光秀反过来利用一说，藤田达生的义昭黑幕说也提到过（但他不认为明智光秀与德川家康共谋）。

不过，明智宪三郎看了很多本能寺之变的研究资料与史料，这点是毫无疑问的。对于《惟任退治记》、熊本藩细川家编纂的《绵考辑录》等史料的评论也颇有见地。可以说他是家康黑幕说的代表人物。

然而明智宪三郎说法的基本面却是有问题的。首先，他未能说明织田信长杀德川家康的动机。明智宪三郎对此的解释是，面对德川家康不断扩大的势力，织田信长感到了威胁。但当时织田信长正与上杉氏和毛利氏作战，没有理由杀害德川家康。

对这种批评，明智宪三郎反驳道："有些研究者认为'在还未完成统一大业时，织田信长不可能杀同盟者'，这种想法在战国时代根本不能成立……'不杀同盟者'在现代是常识，在战国时代却并非如此。学过孙子兵法的人都知道'以正合，以奇胜'的道理。如果按照常规行事，德川家康也就能想到了，所以必须在德川家康没有反应过来之时动手。"

原来如此，如果把肃清德川家康的时间推迟到天下一统后，或临近天下一统前，德川家康就会提高警惕（但我个人认为，即使天下统一了，也没有必要非得肃清德川家康）。不过在天正十年六月，不惜伤害自己的信用，让家臣人心惶惶，也要干掉德川家康的理由，我们是找不到的。明智宪三郎对此的说法是，武田氏灭亡后，已经没有必要再维持与德川家康的同盟关系了。事实真是如此吗？

当时关东地区的后北条氏与反北条势力对峙，织田信长正计划为双方调停，使他们都归顺织田政权。负责调停的是泷川一益，织田信长当然希望德川家康可以在这件事上支持泷川一益。泷川一益长期居于伊势，不太了解关东的情况。在这个时候，比起灭了德川家康，让其残党成为敌人，利用其力量平定关东显然明智得多。

明智宪三郎进一步诠释织田信长的计划："将德川家康及其重臣齐聚一堂，把他们一举消灭后再攻入三河，就可以降伏失去指挥能力的德川军。"真的是这样吗？明智光秀从京都远征三河并不容易。当然，在途中的织田领地倒是能补给休息，然后可以再进行闪电战。但是征讨德川家康的阴谋对织田家臣也是秘而不宣的，因此织田领地的家臣也不能给明智光秀军提供多少援助。

即使闪电战能够成功，师出无名仍是一个难堪的问题。明智宪三郎推测，织田信长可以宣称"德川家康企图谋反，所以我杀了他"。但如果在德川家康死后立刻侵占其领地的话，会有几个人相信织田信长之前的话呢？估计所有人都会觉得，织田信长早就想侵占别人的领地，所以才以谋反之名杀了德川家康。要是秀吉、柴田胜家都觉得"德川家康被冤枉了""接下来就是自己了"，那么织田政权也就走到头了。

织田信长要杀德川家康，只是明智宪三郎的猜测。唯一的史料依据只有《本城惣右卫门觉书》。这是一个名为本城惣右卫门的武士的备忘录，当年他作为明智军的士兵参加了本能寺之变。宽永十七年（1640），他写下此书追忆往事。他在书中说，因为德川家康在京都，所以他想自己会不会是去袭击德川家康。弗洛伊斯在《日本史》中也写道，看到明智光秀的兵以临战之姿进击京都，他觉得很可疑，猜想是不是织田信长命令明智光秀去袭击德川家康。顺便提一句，所谓明智光秀大喊"敌在本能寺"，这个逸事也是后来的人编造的。

明智宪三郎强调明智光秀麾下的士兵认为"织田信长下令征讨德川家康"这点，并断言"织田信长征讨德川家康在战国时期是常识"。这种解释合不合理呢？明智光秀受织田信长之命援助秀吉，却挥师前往相反方向的京都。虽然明智光秀宣称是"为了接受织田信长的阅兵"，但旗下的士兵却满腹狐疑。以临战之姿进京，说明敌人在京都。需要上万大军讨伐的目标，不是织田信长就是德川家康了。征讨主君织田信长，可以说是超出了士兵们的想象，那么除了织田信长，就是德川家康了。他们并未仔细权衡灭掉德川家康的利害得失。

总而言之，士兵的证言并不意味着"不管是不是盟友，只要挡了路就格杀勿论，这是战国时代的常识"，只是传达了"造有恩于己的主公的反，在战国时代是不被接受的"。

纸上空谈

第二个疑点是，即使假设织田信长确实打算杀掉德川家康，而实施者是明智光秀，那么明智光秀是如何使德川家康站在自己这边的呢？明智宪三郎对此的解释是，五月十五日到十七日，德川家康在安土逗留，明智光秀负责接待，就是在这里他二人直接进行了对话。但是，正如藤本正行所指出的，安土完全在织田信长的掌握之中，德川家康与明智光秀二人密谈不仅非常困难，而且非常危险。

明智宪三郎写道："只要告诉德川家康自己愿意帮助他，德川家康立刻就会与明智光秀结为同盟。"但明智光秀与德川家康并非深交，仅凭明智光秀一句"织田信长要杀你"，德川家康就能相信吗？杀德川家康这样的大事肯定属于高度机密，假设织田信长真有这个念头，那他应该是和明智光秀秘密商量的。而且也应该没有文字记录，只是两人口头交流。这样的话，明智光秀完全拿不出证据，说服德川家康近乎不可能。

正如本书多次指出的，实施阴谋的最大障碍是，为了秘密进行，必须限定参加者人数。反过来说，获得的支持者越多，秘密越容易泄露，反而容易使阴谋破产。铃木真哉和藤本正行曾批评道，支持黑幕说的人在这个问题上漏洞百出，他们似乎认为支持者越多，阴谋越容易成功。

明智宪三郎主张："目的是谋反的'成功'。'保密'不过是'成功'的手段。为了成功需要其他人支持的话，总有办法在不泄密的情况下得到支持的。"听起来没什么错，但是只要给不出"在不泄密的情况下得到支持"的具体方法，那么充其量只是在乐观地假设"应该有这种方法的"。

中途岛海战前的作战会议上，联合舰队司令部的宇垣缠参谋长询问第一航空舰队的草鹿龙之介参谋长："攻击中途岛时，如果美国海军从侧面发动攻击，该怎么办（众所周知，这个假设成了现实，联合舰队损失了四艘航空母舰）？"草鹿龙之介答道："想办法不让这种情况发生。"明智宪三郎的主张和草鹿龙之介的回答一模一样，完全是空谈。

明智宪三郎推测，明智光秀事前将谋反计划告知了细川藤孝，不料想细川藤孝出卖了明智光秀，密告秀吉，而正是因为秀吉知道了明智光秀的计划，所以才有了快如雷电的中国大折返。这样的推理完全建立在一个又一个的想象之上，难以令人信服。但明智宪三郎所说的明智光秀不该事前向细川藤孝吐露内情却很有意思。他一方面主张"只要想办法不泄密，谋求支持是没有问题的"，一方面又无意中承认了"支持者越多，越容易泄密"。

阴谋无法实现"完美犯罪"

明智宪三郎批评传统的本能寺之变研究始终纠结于明智光秀

谋反的动机，而从未试图弄清楚他如何实施谋反计划。他主张明智光秀决定动手肯定是因为看到了成功的希望，那么就不该仅仅研究他的动机，也要弄清楚他的谋反计划是怎样的，又是如何实施的。像这样模仿犯罪搜查的方法逼近真相，与一般的历史研究有很大程度的不同，可谓一种更高水平的方法，明智宪三郎将其命名为"历史搜查"。

根据明智宪三郎的"历史搜查"，明智光秀的谋反一开始需要满足下列五个条件：第一，灭织田信长；第二，灭织田信忠；第三，压制畿内织田军；第四，压制东国织田家；第五，压制德川军。

由于织田信长和织田信忠只带了少量随从，第一条和第二条已经达成。细川藤孝和筒井顺庆应该会支持明智光秀，所以第三条也就不成问题了。至于第四条和第五条，如果明智光秀没有和德川家康结为同盟，就无法让德川家康去攻击东国织田军。因此，明智光秀和德川家康肯定是共谋。这就是明智宪三郎所谓的"历史搜查"。

现有的历史研究肯定不是完美的，所以探究新的研究方法是一件受欢迎的事情。不过明智宪三郎的历史搜查，与其说是警察的犯罪搜查，倒不如说更接近推理小说所使用的技巧。实际上他本人也宣称："与传统的本能寺之变研究不同，本人的作品读起来就像推理小说一样妙趣横生。"

实际的犯罪和推理小说中的犯罪是不同的。以著名的三亿日元抢劫案为例，如果它不是真实发生的，而是小说，那么一定会被批评"这种破绽百出的计划怎么可能成功"。

　　按明智宪三郎的说法，谋反失败就会株连九族，所以明智光秀一定会追求"完美犯罪"。不过所谓犯人策划实施"完美犯罪"，大侦探寻找难以察觉的破绽破案，只是小说家的创作罢了。了解三亿日元抢劫案的人就会明白，没有破绽的完美犯罪计划是不存在的，一定会有不确定因素。因此，无论是犯罪还是谋反，必须甘冒一定风险，否则就无法下手。

　　以明智宪三郎为代表的很多本能寺之变的阴谋论者只关心本能寺之变，而忽视了历史上其他阴谋，也因此产生了很多与现实背离的奇谈怪论。如果像本书一样，审视日本史上各种各样的阴谋，那么就很容易看出这些阴谋绝非一定是"完美犯罪"。

　　以第一章平治之乱为例。藤原信赖和源义朝的军事政变是为了消灭信西，但如果要追求完美，就应该也将平清盛铲除。用明智宪三郎的话来说，就是最好满足"压制平清盛军"这个条件。

　　而实际上，尽管平清盛只带了少数随从去熊野参拜，藤原信赖和源义朝并未追击。理由很简单，他们没有足够的兵力。当然，源义朝可以把在关东的家臣叫到京都来做这件事，但如此一来，政变计划就会暴露，从而导致全盘皆输（见前文）。结果，尽管平清盛对他们来说是个危险的不安定因素，藤原信赖和源义朝仍然实施了军事政变。

　　下一章要详谈的关原合战也能看出同样的特点。举兵前，石田三成只跟大谷吉继、安国寺惠琼等少数人提过自己的计划。石田三成等人用武力拿下了大坂，然后半强制地将原本为了参加会津征伐而上京的西国大名编入西军。不用说，事前争取到的大名越多，成功的概率越大，但是举兵的意图也越容易暴露。可以说，不存在万无一失的阴谋，发动者必须愿意承担一定的风险。

没有共谋也可能拖住织田军

明智宪三郎认为，为了谋反成功，明智光秀要满足上述五个条件，不过各个条件的重要性并不相同。第一条（灭织田信长）和第二条（灭织田信忠）是必要条件，第三条到第五条则是最好满足，但不是无论如何都必须达成的条件。

如果能争取到德川家康当然是再好不过，但是藤本正行指出，这会使阴谋败露的危险增大。为了做到第四条和第五条而威胁到第一条和第二条的话，就是本末倒置了。

"为了阻止东国织田军和德川家康的反攻，必须与德川家康结为同盟"，明智宪三郎的这个前提本身就有问题。泷川一益、河尻秀隆等驻守旧武田领地的织田家武将，赴任不过两三个月时间，还未站稳脚跟。明智光秀可以自然而然地预测，织田信长要是死了的话，旧武田领地一定会陷入混乱。本能寺之变后，由于武田旧臣的叛乱，东国织田军受到很大冲击，这是一个尽人皆知的历史事实。

另一方面，德川家康正忙于所谓的"神君跨越伊贺"，他从堺返回三河，正在设法争取甲斐、信浓的武士。虽说他对甲斐、信浓的领土确有野心，不过从他的角度来看，这也是一种自卫措施。若甲斐、信浓的武田旧臣有什么动作，一定会波及原属武田、现属德川的骏和。而明智光秀也应该很容易就能看出，德川家康在甲斐、信浓忙得不可开交，根本腾不出手来对付自己。

假设东国织田军能够顺利统治旧武田领的话，又会如何呢？即使这样，他们也不能为了讨伐明智光秀而上京。率军上京离开旧武田领，不只是上杉氏和后北条氏有可能乘虚而入，就连德川家康也有可能来抢夺地盘。

受织田信长知遇之恩而风生水起的明智光秀杀了织田信长，这是一个让很多人不能相信的事实，也许正因为这样，当时的人会认为明智光秀有同谋吧？另外，也有人听说明智光秀谋反后忐忑不安。就拿甲斐的河尻秀隆来说，他怀疑德川家康会抢夺甲斐，于是杀掉了德川家康派到甲斐的本多信俊。

这个道理在德川家康身上也说得通。毛利氏得到情报说："津田信澄、明智光秀、柴田胜家共谋，杀了织田信长父子。"这个谣言应该也传到了德川氏的耳朵里。在当时敌友难辨的情况下，德川氏也不会轻易离开自己的领地。

可见，织田家的武将和德川家康互不信任。而明智光秀也应该想到了这一点。对明智光秀来说，只要在自己以武力完全控制畿内之前，织田家的武将和德川家康不攻击自己就可以了。所以，共谋不是必需的。"某某（毛利氏、上杉氏、德川家康）与明智光秀共谋"，只要让相关方面有这样的疑虑，不轻举妄动的话，已经足够了。

没有帮手就无法阻止织田方面武将的行动，这不过是明智宪三郎的固执己见。再者，谁都不相信、想到哪里做到哪里的秀吉本身才是异类。

传统的历史研究认为本能寺之变有很大偶然、幸运的成分，对此，明智宪三郎持严厉批评态度，他认为战国武将并不期待偶然、幸运，绝不走没有把握的路。按照他的说法，战国武将依赖万全之策取胜，所以明智光秀也寻求了德川家康的援手，以万全之态起事。

　　若说明智光秀单独谋反是不可能成功的无谋之举，那么秀吉的中国大折返更应该被归入这一类当中。如果毛利氏追击，秀吉军队就会立刻乱掉阵脚，土崩瓦解。明智光秀大概也判断秀吉不会冒这么大的风险撤军，才没有事前与毛利氏商议。

　　可以说，彻底颠覆了明智光秀战略的是秀吉的"出其不意"。坐视不管的话，天下将成为明智光秀的天下，秀吉带着这种危机感，孤注一掷。以安全、万无一失之策确保成功，这种想法在战国时代未免过于乐观。我倒是觉得过于小看战国武将的正是明智宪三郎本人。

容易受骗的织田信长

　　面对"当时织田信长不可能攻打德川家康"的批评，明智宪三郎认为"现代人根本无法理解织田信长的战略"，他强调在阴谋四起的乱世中保持不败的织田信长是天才，现代人仅凭常识根本无法理解织田信长。明智宪三郎觉得只有自己才理解织田信长的天才式的思考，这份自信值得钦佩，同时他的这种态度也从另一方面说明了为什么会出现这么多本能寺之变黑幕说。那就是因为有"信长神话"。

　　黑幕说支持者无一例外地过分夸大织田信长的才能。他们认为织田信长这样的天才不可能因为掉以轻心而被明智光秀这种程度的人杀掉。但现实却是织田信长因明智光秀的阴谋而亡，于是这些支持者就需要解释"身为天才的织田信长却被骗了"这样一个矛盾，对此，明智宪三郎等阴谋论者常常提出一个局中局的说法，即骗人的人往往容易受骗。具体说来就是，织田信长也设下圈套，但没有留意别人给自己设下的圈套。

然而金子拓最近在《织田信长：笨拙的天下霸主》（2017）一书中强调，织田信长经常被信赖之人背叛。遭遇妹夫浅井长政的突然背叛而陷入绝境一事最为有名，而类似的事频频发生。当武田信玄突然放弃与织田信长的同盟，开始西上作战时，织田信长大吃一惊，勃然大怒。而面对荒木村重反叛，他开始根本就不相信。

就算对织田信长抱有好感的人，也不得不承认织田信长不擅长与人打交道。可以看出织田信长抱着"只要为某人做过什么事，对方就一定心存感激"的一厢情愿的态度。他拥有卓绝的政治和军事才能，这点毋庸置疑，但是他确实读不懂别人的心理。

织田信长绝不是万能的天才。他也有弱点，也会掉以轻心。明智光秀以一己之力征讨织田信长并不值得过于讶异。

第七章

德川家康陷害了石田三成吗

第一节　秀次事件

秀次事件概要

　　在很多人心里，德川家康就是只"老狐狸"[1]，丰臣秀吉生前向其宣誓效忠，丰臣秀吉死后立刻用尽谋略将天下据为己有。尤其值得一提的是，德川家康通过标榜自己对丰臣家的忠义，把加藤清正、福岛正则等丰臣恩顾大名拉入自己的阵营，在关原消灭了石田三成等反家康派。历史小说和历史剧不惜笔墨描写他的狡猾。但是近年对其夺取天下过程的研究揭示了一个不一样的故事，我们因此需要重新审视传统说法。我将在本章中介绍最新研究成果，同时谈谈我的个人见解。

　　德川家康之所以能夺得天下，在于丰臣秀吉的天下出人意料地不安稳。首先让我们看看文禄四年（1595）的秀次事件，这是丰臣政权最初的破绽。

---

[1] 日语中则是"狸おやじ"。

天正十九年（1591）八月，淀殿所生的丰臣秀吉嫡男鹤松夭折。众所周知，老来得子又失子的秀吉为此悲伤不已。此时的秀吉五十五岁，在那个年代已经算是老人了。他本来就子嗣不济，此后料想也再难得子。十二月，丰臣秀吉的外甥（姐姐的儿子）丰臣秀次就任关白。

之后的实权仍由丰臣秀吉掌握，所以丰臣秀次就任关白只是意味着丰臣秀吉指定他为继承人。到了天正二十年三月，丰臣秀吉移居肥前名护屋城，专注于侵朝战争（文禄·庆长之役）。结果，居于京都聚乐第的丰臣秀次越来越多地参与国内统治，其权力也随之强化。

不承想，文禄二年（1593）八月，拾（后来的丰臣秀赖）于大坂城诞生。本来淀殿跟随丰臣秀吉一起到了名护屋城，但因身体不适（妊娠）回到了大坂城。听说儿子出生，惊喜的丰臣秀吉赶忙回到了大坂城。

随着丰臣秀赖的诞生，丰臣秀吉开始重新考虑继承人问题。九月四日，丰臣秀吉把秀次招至伏见，提出将日本分为五份，四份归丰臣秀次，一份归丰臣秀赖。十一月一日，丰臣秀吉给出生三个月的拾定下婚约，对象是丰臣秀次之女。这无疑表明丰臣秀次只是过渡人选，丰臣秀吉最终还是要将天下交给丰臣秀赖。婚约是在丰臣秀赖去热海温泉疗养之际，由丰臣秀吉单方面决定的，丰臣秀次更为不安。

文禄三年正月三日，丰臣秀吉将大坂城赐予拾，自己移居仍在改建中的伏见城。正月二十九日，丰臣秀次应丰臣秀吉之请表演能乐；二月九日，丰臣秀吉为丰臣秀次表演能乐助兴。丰臣秀吉和丰臣秀次表面上看起来关系和睦。

文禄四年六月末，情势急转直下。有传言称丰臣秀次以鹰狩为名与朋友密谋造反。七月三日，石田三成、前田玄以、增田长盛、富田一白等丰臣秀吉的奉行众造访聚乐第，质问丰臣秀次造反的传言，并要求他写下书面保证。丰臣秀次痛快地写下保证书，表示自己是无辜的。

接着又有丰臣秀次和毛利辉元密谋的传言，丰臣秀次接到命令去伏见自首。七月八日，丰臣秀次到了伏见，丰臣秀吉却拒绝与其见面。丰臣秀吉命其出家，丰臣秀次上高野山。十日，丰臣秀次入高野山青严寺反省，十五日于寺中切腹。这就是所谓的"秀次事件"的梗概。

秀次事件是冤案

丰臣秀次真的想谋反吗？让我们看看当时的记录。"昨日殿下禅定（秀次）于高野山切腹，实在不合情理，谋反一事只是风闻。"（《言经卿记》）"据说关白大人（秀次）因无实之辞，于昨日十五日上午十点左右切腹。"（《御汤殿上日记》）各种记录都认为秀次谋反不过是传言罢了。没有一手史料把谋反当作事实。

丰臣秀吉仅仅告诉诸大名："今次关白有些小事，让他去了高野山。"也就是说，"秀次有问题，将其流放高野山"。这里需要注意的是，对于丰臣秀次错误的程度并无明确记载。如果丰臣秀次叛意明显，就应该列举证据，详细记录谋反计划，以此证明处罚是正当的。无法举出具体证据，正说明谋反计划纯属子虚乌有。另外，关于丰臣秀次暴虐的故事，比如只是为了好玩而斩杀无辜的人，因而被称作"杀生关白"（摄政关白的双关语）等，都是后世杜撰的。

再者，丰臣秀吉派去辅佐丰臣秀次的田中吉政、山内一丰、中村一氏等并没有受到这次事件的牵连，反而在丰臣秀次切腹后获得了嘉奖。如果谋反属实，他们没有注意到丰臣秀次的叛意，也没有加以劝谏，可谓重大失职行为。这些人反而获得嘉奖一事说明，他们虽然知道丰臣秀次无罪，但揣度丰臣秀吉心意而未助秀次一臂之力，甚至可能帮着丰臣秀吉铲除了丰臣秀次，所以才获嘉奖吧？

而且切腹对武士来说是一种光荣的死法，如果丰臣秀次确有反状，那就不会被允许切腹，而应被处以斩首或磔刑等更严厉的惩罚。可见，正因罪状不明，所以才没有斩首而是要求他切腹。

本来，丰臣秀次谋反就是件不太可能的事情。山内一丰、中村一氏等都是丰臣秀吉抚养长大的武将，丰臣秀吉将他们派到丰臣秀次身旁监视他，他根本没有机会密谋。假设他对自己过渡关白的待遇不满，也没有必要冒险反叛丰臣秀吉。丰臣秀吉的年纪已经很大了，只要等着他死亡就好了。

因此，我们可以得出结论，丰臣秀次就是被冤枉的。丰臣秀吉为了让爱子丰臣秀赖继承天下，觉得丰臣秀次碍事，于是设下了圈套。所谓秀次事件就是丰臣秀吉的谋略。这也是典型的"表面的加害者（攻击方）与被害者（防御方）与实际相反"的例子。

新说法"秀吉本不想害其性命"

上面介绍的通说仍留下了一个谜团。丰臣秀次切腹后，一家男女老幼乃至侍女乳母皆遭屠戮，甚至连年幼的女儿都被斩首，如此残酷的刑罚分明就是对谋反者亲属的处罚。允许丰臣秀次切腹，近亲则斩首，丰臣秀吉的处罚难免使人觉得缺少一贯性。

另外，七月十二日，丰臣秀吉对高野山发出的命令是软禁丰臣秀次。也就是说，除了照顾他的人，亲戚禁止接触、探望丰臣秀次。如果打算立刻让其切腹，那么就没必要详细指定软禁的规矩了。这里插一句，小濑甫庵的《太阁记》虽然收录了五奉行给高野山下达的让丰臣秀次切腹的命令，但是我们找不到丰臣秀吉下过此命令的一手史料，所以这应该是小濑甫庵的创作。

为解释这个谜团，矢部健太郎提出了新的看法。他注意到丰臣秀次切腹的地方是高野山青严寺，这里是供奉丰臣秀吉生母大政所①的菩提寺②。很难想象丰臣秀吉会命令丰臣秀次在这么特殊的地方切腹。于是矢部氏主张丰臣秀吉的本意是考虑到丰臣秀赖有夭折的可能，只是想把丰臣秀次拘禁在高野山。

并没有犯错却被流放到高野山的丰臣秀次，为了表明无辜而切腹。他的血玷污了这个神圣的场所，这才惹得丰臣秀吉大怒，将丰臣秀次的切腹解释为"对谋反的惩罚"，因此才将其一家处决。丰臣秀次是为了表达对丰臣秀吉的抗议而切腹，如果这种说法传出去，会有损丰臣秀吉的权威，因此丰臣秀吉只能将其视为谋反。也就是说，矢部健太郎认为，丰臣秀次切腹不是因为丰臣秀吉的命令，而是他自己的选择。

那么为什么丰臣秀吉命丰臣秀次切腹的故事如此脍炙人口

---

① 大政所：秀吉母亲的尊称。
② 菩提寺：供奉遗骨的寺庙。

呢？实际上，它是通过《太阁记》等江户时代的军记物语传播开来的。矢部健太郎推测，这些后世的书强调了石田三成的谗言，为了把在关原合战中与德川家康为敌的石田三成描写为恶人而利用了秀次事件。

藤田恒春提出了误解说。他注意到，福岛正则等人为了向高野山传达丰臣秀吉软禁丰臣秀次的命令，而于十四日晚到达高野山。他推测，丰臣秀次误解福岛正则等人是"检死役（切腹的见证人）"，所以就自行了断了。历史剧《真田丸》就采用了这种说法。另外，矢部健太郎还特别指出，事后福岛正则获得了丰臣秀次的领地尾张国，他认为福岛正则可能没有传达命令，而将丰臣秀次推向了自杀的地步。

丰臣秀吉不打算取其性命的新说值得思考，但是仍有说不通的地方。矢部健太郎主张，考虑到丰臣秀赖有可能夭折，为了保险起见，丰臣秀吉打算将丰臣秀次留下，但是曾有谋反嫌疑的人再次成为丰臣秀吉的继承者是很不现实的。

也许有人认为，对丰臣秀吉来说，只要剥夺了秀次的政治生命就足够了，并不需要从肉体上消灭他。不过根据太田牛一撰写的《太阁样军记之内》，秀次进入高野山后的文禄四年（1595）七月十三日，熊谷直之、白江成定等丰臣秀次的家老被逼切腹，似乎透露出丰臣秀吉并不满足于仅仅将其囚禁于高野山，还要进一步迫害他的意思。

既然没有丰臣秀次谋反的确凿证据，丰臣秀吉要命令这位政治上的二把手切腹并非易事。所以，丰臣秀吉可能想从精神上折磨他，逼他不得不切腹。无论采取什么手段，死人是不会说话的，丰臣秀次一死，什么样的故事都可以编造出来。

确实，丰臣秀吉可能不想让血玷污亡母的菩提寺。不过，丰臣秀吉曾经将母亲送给德川家康为人质。对他来说，除掉丰臣秀次是最要紧的，方法并不重要。将一切都看作丰臣秀吉的阴谋，似乎颇为自然，但真相又如何呢？

秀次事件对德川家康有利

丰臣秀次死后，丰臣秀吉让诸大名写下了向拾宣誓忠诚的誓言书。大多数人在同一份文书上联署，宇喜多秀家、前田利家单独签署，德川家康、毛利辉元、小早川隆景联署，德川家康负责关东，毛利辉元、小早川隆景负责关西。上面这几位就是之后的"五大老"。誓言书由前田玄以、石田三成、增田长盛等奉行众收集。

丰臣秀吉的近亲本来就不多，而且其中不少已经去世了。丰臣秀吉唯一的弟弟丰臣秀长死于天正十九年（1591），丰臣秀次的弟弟丰臣秀胜在文禄之役中病死，丰臣秀次、丰臣秀胜的弟弟丰臣秀保继承了丰臣秀长的领地，却在文禄四年突然去世。丰臣秀次切腹后，其子女几乎全被处决，于是丰臣秀赖未来几乎无法倚仗丰臣家的人。

为了重建丰臣政权，丰臣秀吉让德川家康、毛利辉元、前田利家等有实力的大名进入权力中心。也就是说，丰臣家衰弱后，为了修补它而建立了后来的五大老、五奉行制度的原型。这也造成日后德川家康的权力扩大。

此外，浅野幸长、伊达政宗、细川忠兴、最上义光等与丰臣秀次关系不错的大名受到丰臣秀吉排挤，处境尴尬，他们中的大多数都是在德川家康的斡旋下才未被追究责任。后来，他们与德川家康保持着亲密的关系，在关原合战中从属东军。从结果上看，丰臣秀吉的谋略葬送了丰臣秀次，却助了德川家康一臂之力。

第二节　七将袭击事件

德川家康私婚问题

如前文所述，丰臣秀次死后，与秀次有姻亲关系的大名也因参与谋反的嫌疑而被追究责任。谋反本身就是莫须有的罪名，自然不会有大名参与其中了。丰臣秀吉应该是为了让这些大名不要因为丰臣秀次遭到处罚而心生不满，才以追究责任之名，行控制之实吧。

这件事刚结束，文禄四年八月，丰臣秀吉就颁布命令，在未得到丰臣政权同意的情况下，禁止大名们通婚（政治婚姻）。大名们如果拉党结派，无视政权命令擅自行动，丰臣政权的权威就会受到威胁。到了庆长三年（1598）七月，感到死期将近的丰臣秀吉将丰臣秀赖托付给五大老、五奉行。建立集团领导体制，可以防止某个人势力过大，从而威胁秀赖。五大老中，内大臣（简称"内府"）德川家康和大纳言前田利家被赋予比其他人更大的权力。丰臣秀吉死后，德川家康入伏见城代年幼的丰臣秀赖执政，而前田利家则作为丰臣秀赖的老师进入大坂城内。

同年八月，丰臣秀吉病故，德川家康立刻与蜂须贺家政、黑田长政、伊达政宗、福岛正则等结亲。庆长四年正月十九日，大坂的前田利家和石田三成派使者到伏见向德川家康追究此事。石田三成等人迟了几个月才追究的原因是，从朝鲜撤军之际，为了不动摇军心，直到庆长三年末才通知他们丰臣秀吉的死讯，而且为了处理撤军事宜，石田三成一直不在畿内。

德川家康从关东调军前来，表现出强硬的姿态，危机一触即发。但到了二月二十日，德川家康与其他四大老、五奉行交换了誓言书，事态暂时缓和。这是因为五大老中的四位和全部五名奉行都站到了德川家康的对立面，而细川忠兴、浅野幸长、加藤清正、加藤嘉明等武断派（反石田三成派）大名也站到了前田利家一方（福岛正则、黑田长政、池田辉政是德川家康一方），感到情况对自己不利的德川家康于是向对手道歉，寻求和解。前田利家病重，因此未进一步追究德川家康责任。三月十一日，德川家康赴大坂探望病中的前田利家，双方关系有所改善。

"三成躲进家康伏见的宅邸"是传说

闰三月三日，前田利家去世，局势为之一变，发生了所谓的"七将袭击事件"。利家逝去第二晚，"七将"在大坂起兵讨伐石田三成。

根据参谋本部编《日本战史 关原役》的说法，七将为加藤清正、黑田长政、浅野幸长、福岛正则、池田辉政、细川忠兴、加藤嘉明，很多书都沿用了这种说法。但笠谷和比古基于一手史料，认为七将应为加藤清正、浅野幸长、蜂须贺家政、福岛正则、藤堂高虎、黑田长政、细川忠兴。本书即采此说。

　　七将起兵的动机，有人认为是对石田三成在文禄·庆长之役的作战指导和对诸将的处罚感到不满。不过七将中也有人批评了增田长盛，因此基本上可以认为，他们的动机是反对石田三成、增田长盛、长束正家等奉行众，这些奉行众想主导丰臣政权。石田三成等人不过是丰臣政权中的官吏，他们之所以能够对和他平级甚至地位在他们之上的大名发号施令，是因为有丰臣秀吉这个绝对权威为后盾。丰臣秀吉一死，即使有丰臣秀吉的遗言，由他们来把持大权的政治体制也很难维持下去。实力与声望兼备的前田利家死后，这种矛盾立即爆发了。

　　尽管如此，这些人没有丰臣政权的许可就在与丰臣秀赖近在咫尺的大坂擅自起兵，仍然过于大胆，就算被当成谋反而获罪也不足为奇。那么，是不是他们相信自己起兵并不会被追究责任呢？也就是说，他们的行动很可能得到了德川家康的支持，甚至就是其指使的。然而，石田三成事发前已有所察觉，在佐竹义宣的协助下，从大坂逃往伏见。

　　石田三成出其不意地逃到仇敌德川家康的伏见宅邸，这一直以来被认为是为了自保的奇策，频频成为小说和戏剧的题材。不过笠谷和比古认为这不过是传说而已。佐竹义宣帮助石田三成从大坂逃到伏见后，赶赴德川家康府邸，拜托他收拾局面，此事在《日本战史 关原役》中被记述为"拥石田三成、返伏见、投德川家康"，这成为后来误解的开端。德富苏峰以此记述为基础，误认为石田三成逃到了德川家康府邸，在氏著《关原役》中写下了"死中求活"一语，从此成了标准解读。但如笠谷和比古所言，石田三成实际上是回到伏见城内自己的宅邸，即"治部少丸"。

光成准治通过分析相关史料，推断石田三成进入治部少丸后制订了如下的作战方案。首先，增田长盛等稳住大坂城内的丰臣秀赖，控制住大坂的咽喉要塞尼崎，和毛利辉元一同集结西日本的大名，与伏见城内的石田三成呼应，夹击家康派。

石田三成的算盘很快就落空了。守护大坂城的片桐且元投靠了德川家康，大坂城落入了家康派手中。军事上处于劣势的石田三成、增田长盛、大谷吉继若想压制家康派，就必须得到名义上的最高权力者丰臣秀赖的支持。现在丰臣秀赖被德川家康控制了，加上上杉景胜也试图和德川家康结亲，几乎没有大名会响应石田三成的军事行动。等到增田长盛开始亲近德川家康，奉行众集团就迈向了土崩瓦解。

石田三成只好放弃反抗。而德川家康介入石田三成与七将之间，开始收拾局面。闰三月十日，石田三成辞掉奉行一职，在居城近江佐和山城内闭门不出。石田三成的盟友毛利辉元与德川家康交换誓言书，达成和解。毛利辉元在文书中写下"以德川家康为父兄"，德川家康由此确立了优势地位。

德川家康成了"天下殿"

由于庆长四年闰三月反家康派急先锋石田三成的失势，德川家康再无顾忌。当时，德川家康已经在伏见城外宇治川对岸的向岛建了宅邸，石田三成失势后，他就进入了伏见城。目睹此景的人纷纷耳语"家康成了天下殿"。

前田利家的嫡男前田利长接班成为大老，同时也接替父亲进入大坂城教育丰臣秀赖。但到了八月，他为了管理领地又回到了加贺。同时期的五大老之一上杉景胜也返回自己的领地会津。就这样，有能力掣肘德川家康的势力，一个个地都离开了畿内。

　　九月，德川家康以前田利长有谋反的嫌疑为名，向诸大名发出讨伐令。前田利长将母亲芳春院送到江户为质，向德川家康屈服。五奉行之一的浅野长政也受牵连，将家督让给浅野幸长后隐居。

　　前田利长谋反的传闻是增田长盛向德川家康报告的，但增田长盛没有陷害前田利长的动机，所以有一种说法认为，谣言是德川家康自己散布的。司马辽太郎的历史小说《关原》即采此说。浅野长政与德川家康交情匪浅，也因此失势，所以此事未必是德川家康布的局，但是他为扩大权力充分利用了这则流言则是显而易见的。

　　十月，北政所（丰臣秀吉正室）将大坂城西之丸让给了德川家康。德川家康实际上获得了丰臣秀赖傅役[①]的地位。德川家康在伏见，丰臣秀赖在大坂，这本是丰臣秀吉的遗命，为的是避免权力集中于德川家康。而德川家康入大坂城，与丰臣秀赖一体化，使五大老、五奉行制度名存实亡，取而代之的是以德川家康为首的指导体制。

　　庆长四年末到次年初，五大老之一的宇喜多秀家的家中发生内乱（宇喜多骚动），德川家康代表丰臣政权进行了裁决。他故意对反秀家派网开一面，计划以此削弱反家康派的宇喜多氏。

　　德川家康处理前田利长、浅野长政的谋反嫌疑和宇喜多骚动

———————————

① 傅役：负责教育的职位。

时，唯一能够唱反调的毛利辉元始终保持沉默，这样看来，已经没有跟德川家康对着干的人了。

于是，德川家康越发恣意妄为。他开始对诸大名进行封赏。本来已经决定在丰臣秀赖成人之前不再封赏大名，而德川家康却以秀赖监护人的身份独断地进行封赏。所赏的又是丰臣家的藏入地（直辖领），所以他既没有损失，又能让大名感激自己。同时，封赏也削弱了丰臣家的经济实力，可谓一石二鸟。增田长盛、长束正家等丰臣家的奉行众虽然依照德川家康的命令实施封赏，但是对德川家康势力的壮大与丰臣家的衰弱应该是有所忧虑的。

第三节　通向关原之路

会津征伐

如前文所述，庆长四年（1599）八月，上杉景胜返回自己的领地会津。上杉景胜于庆长三年正月受命，领地由越后改为会津。蒲生氏因家族内乱受到惩罚，领地改为下野宇都宫，而上杉景胜则转封到了会津。这可能是因为丰臣秀吉想在会津安排有实力的大名牵制关东的德川家康吧。

庆长三年三月，上杉景胜第一次来到会津，但接到丰臣秀吉的死讯后就于十月返京。由于新领地的经营毫无进展，再加上德川家康也劝他回会津，庆长四年八月，他再次回到会津。

回到会津的上杉景胜频频给德川家康写信，两人的关系似乎不错。但到了庆长五年正月，德川家康命其上京时，情况发生了变化。上杉景胜派重臣藤田信吉代表自己上京。藤田信吉受到德川家康礼遇，但回到会津后被怀疑与德川家康暗通款曲。因此，藤田信吉于三月离开上杉家。他与主张对德川家康强硬的首席家老直江兼续不和，此次失势似乎受此影响。

藤田信吉向德川家康报告说上杉景胜意图谋反。同时，越后的堀秀治也报告上杉景胜准备谋反。上杉景胜转封会津时，把在越后征收的年贡都拿到了会津，因此后来入主越后的堀秀治陷入了财政困难，于是对上杉景胜怀恨在心。

同年四月，德川家康通过外交僧西笑承兑命令上杉景胜上京自辩。面对西笑承兑带来的书信，直江兼续写了回信，这就是举世闻名的"直江状"。直江兼续提出由于领地经营还没头绪，无法即刻上京，而且不仅逐一反驳了川家康提出的谋反证据，还指责德川家康听信谗言，冤枉上杉景胜谋反。

对于直江兼续的回信，有人因为其洋洋洒洒的篇幅、优美的文体、锋芒毕露的内容而怀疑是后世的创作。确实，我们很难想象这样一篇文章能原封不动地送到德川家康手上。但是，被德川家康视为问题的城、桥、道路的建设，我们都可以在一手史料中找到证据。并且，面对德川家康的批评，直江兼续回信反驳，这只不过是大名理应做的事情，信中的逻辑并无不妥。再者，回信否认上杉景胜谋反，并主张在调查进谗言者（藤田信吉、堀秀治）之前，上杉景胜绝不进京，这些也可以通过上杉景胜给家臣的信件得到印证。所以，就算有些修改，还是应该承认这封回信反映了一定的事实。

德川家康拒绝调查进谗言者，因此上杉景胜也相应地拒绝上京。德川家康一怒之下于庆长五年五月决定讨伐会津。

矢部健太郎认为德川家康不过是佯怒，上杉景胜拒绝上京在他的意料之中。直江兼续在回信中写道："前年（庆长三年）转封到会津后不久就上京了，去年九月才回到领地。今年正月再进京的话，就无法经营领地了。而且会津是雪国，十月到三月什么也干不了。到了三月，谦信的法会结束后才会有空，我们准备到了夏季再进京。"这些说法合情合理。德川家康明知上杉景胜不可能立刻进京却还是要他进京，根本就是在挑衅。单看直江兼续激烈的文字，会给人一种上杉方面挑衅德川家康的印象，但是先挑衅的其实是德川家康。

六月十五日，从丰臣秀赖处获得了军费的德川家康成功地将会津征伐定位为丰臣政权发动的战争。第二天，德川家康率领大军离开了大坂。

石田三成举兵

德川家康一离开畿内，石田三成就开始谋划打倒德川家康的行动了。根据后世的书籍所载，七月十一日，石田三成把预备参加会津征伐的大谷吉继叫到佐和山城，寻求他的帮助。大谷吉继认为此举不妥，毫无胜算，但是见石田三成已经下定决心，也就发誓与其并肩作战。

次日，大坂三奉行增田长盛、长束正家、前田玄以，通过毛利家的外交僧安国寺惠琼邀请毛利辉元来大坂。七月十五日，毛利辉元率领大军离开广岛，十七日扫清了德川家康的留守部队进入大坂城西之丸。石田三成、毛利辉元等（以下称西军）控制了丰臣秀赖，使自己的军事政变有了名分。

不过，关原合战始于石田三成和大谷吉继的友情，这样的展开未免过于匪夷所思。大谷吉继劝谏石田三成的故事，只出现在江户时代成书的二手史料中。而且，石田三成告知大谷吉继自己要起兵之后，短短六天就占据了大坂城，这实在太顺利了。所以，石田三成和大谷吉继七月十一日的会谈是军事政变的起点之说，恐怕是后世捏造的。

光成准治推测，七月五日，宇喜多秀家参拜丰国神社不是祈祷会津征伐取得胜利，而是祈祷能在对德川家康的战争中获胜。这样的话，毛利辉元（安国寺惠琼）、宇喜多秀家、石田三成、大谷吉继四人应该在七月初就已经取得联系，商讨与德川家康开战的事宜了。

大坂三奉行是半路加入的

七月十二日，负责留守大坂城的增田长盛向德川家康报告了石田三成、大谷吉继谋反的消息（《庆长年终卜斋记》）。虽然不清楚时间，不过可能是之后不久，三奉行增田长盛、长束正家和前田玄以获取了淀殿和前田利长的同意后，呼吁德川家康返回大坂城。司马辽太郎在《关原》中解释说这是三奉行考虑到西军可能会失败，为了保险起见，讨好德川家康的行为。也就是说，三奉行脚踩两条船。这种说法流传甚广，因此增田长盛等人的口碑相当差。

然而，如果增田长盛等三奉行参加了石田三成的密谋，同时又想讨德川家康欢心的话，那么他们应该告诉德川家康，毛利辉元也加入了西军。毛利辉元是否参加，与政变的规模和成功的可能性密切相关，是最重要的情报。三奉行故意隐瞒这个情报，可算不上对德川家康尽忠。

笠谷和比古以及光成准治主张，按照这个逻辑可以推论，三奉行开始并未与石田三成共谋，所以不知道毛利辉元加入。对于三奉行邀请毛利辉元来大坂一事，通说将之解释为邀请毛利辉元出任西军总大将，但正如笠谷和比古所指出的，这也可以解释为，三奉行为了缓和因石田三成起事的传闻而导致的畿内不安的局面。在这个时间点，大坂三奉行的想法是借助大老德川家康或者毛利辉元的力量压制石田三成。

对石田三成来说，为了使政变师出有名，与三奉行的合作是不可或缺的，而三奉行的摇摆不定则让人无法放心。七将袭击事件中，他们没有出手帮助石田三成；石田三成失势后，他们又对德川家康言听计从。如果将举兵之事告知三奉行，则有泄密的危险。本书再三强调保密的重要性。

实际情况可能是，石田三成首先说服了毛利辉元、宇喜多秀家，利用他们的军事力占领大坂，从而逼迫三奉行加入西军。类似的事德川家康同样做过，争取三奉行这样的骑墙派，最好的方法就是以武力相逼。

为了遏制石田三成、大谷吉继的妄动而被请到大坂的毛利辉元，实际上是石田三成的同谋，知道此事后增田长盛等人肯定目瞪口呆吧。之后，增田长盛在反对德川家康的战斗中始终表现得很消极，也许就是因为参加得不情不愿吧。

白峰旬认为增田长盛向德川家康告密的文书是伪造的，他提出了三个理由：一，只有抄本留存下来；二，篇幅过短；三，完全没有提及安国寺惠琼的动向。在只有抄本的情况下，这份文书确实有可能是后世伪造的，需要检讨其真实性。但是告密这种事本来就难以留下证据，因此单凭这一点并不能断定这份文书就是伪造的。如果是在关原合战后伪造的，那么对石田三成与安国寺惠琼的动向就应该多着笔墨。而直江状之所以被认为是伪造的，就是因为篇幅太长了。增田长盛提供的情报很少，反映了他本来就不太清楚情况，反而增加了文书的可信度。

另外，布谷阳子特别举出七月十五日岛津义弘写给上杉景胜的信。岛津义弘在这封信中告诉上杉景胜，毛利辉元、宇喜多秀家、大坂三奉行、小西行长、大谷吉继、石田三成一致同意反对德川家康。布谷阳子根据此信提出，七月十五日，反家康派联盟（日后的西军）已经结成，所以关原合战首谋者只有石田三成一人是江户时代捏造的。光成准治、白峰旬两位学者也支持这种说法。

但这封信只有抄本传世，真实性值得怀疑。而且，岛津义弘在前一日（十四日）给驻守大本营（萨摩）的岛津忠恒（义弘之子，岛津家家督）的信中只提了一句"此地局势甚乱"，看不出他已经知晓谁加入了西军。这一切也许是因为，岛津义弘从属西军，作为战败者的他，在德川家康君临天下的江户时代，有必要以畿内已经有了西军，他的加入是无奈之举为由替自己开脱。

《内府过失清单》使家康陷入绝境

庆长五年七月十七日，毛利辉元进入大坂城。同时，西军以毛利辉元、宇喜多秀家、增田长盛、长束正家、前田玄以之名，向诸大名送去德川家康弹劾状，列举了十三条罪状。此即有名的《内府过失清单》。

第一条批评了德川家康虽然在庆长三年九月与四大老、五奉行交换了誓约书，但未信守诺言，对五奉行中的石田三成、浅野长政穷追猛打。第二条批评了德川家康诬陷大老前田利长有谋反的嫌疑，逼迫他递交誓约书，交出芳春院为质。第三条陈述会津征伐师出无名。总而言之，西军在开头的三条里论述了德川家康有意识、有计划地排挤作为同僚的四大老、五奉行以建立独裁体制的暴行。

第四条指责德川家康背弃了在丰臣秀赖成年前不得封赏大名的决定，擅自增加诸大名的领地。第五条指责德川家康赶走了丰臣秀吉指派的伏见城留守人员，安排自己的家臣进驻。第六条指责德川家康背弃了庆长三年九月与四大老、五奉行互换誓约书定下的不拉帮结派的誓言。

第七条指责德川家康把北政所赶出大坂城西之丸，自己鹊巢鸠占。第八条指责德川家康在西之丸建造与本丸同等规模的天守阁。这两条都在指责德川家康的僭越行为。第九条指出，原本诸大名的妻子、孩子作为人质住在大坂，德川家康私自将亲近大名的亲人放了回去。第十条弹劾了德川家康的私婚问题。这份《内府过失清单》列举了德川家康种种违背丰臣秀吉时代法令、政策及遗言的行为，主张德川家康已失去担任秀赖监护人的资格。

第十一条批评德川家康教唆年轻大名拉帮结派，应该是指七将袭击事件。第十二条批评了德川家康的独裁，本应由五大老联名下达命令，德川家康却独自一人发号施令。第十三条则指出，德川家康免除了供奉源氏氏神的石清水八幡宫的检地①。矢部健太郎推测，西军首脑大概认定，德川家康因为有夺取天下的野心，才会格外优待石清水八幡宫（德川氏自称是新田源氏的子孙）。

文末则再次指责会津出兵师出无名，号召讨伐德川家康。结尾高呼，为了"秀赖大人"，请站在我们一方。

毛利辉元、宇喜多秀家、增田长盛、长束正家、前田玄以等五人，只占五大老、五奉行的一半。但是除去已经失势的石田三成、前田利长、浅野长政和会津征伐的当事人德川家康、上杉景胜，剩下的五大老、五奉行一致弹劾德川家康，这个事态就严峻了。而且，德川家康不断违反丰臣政权立下的规矩也是事实，《内府过失清单》毫不留情地指出这些，可谓相当有说服力。

控制了丰臣秀赖的西军宣称"会津征伐是德川家康的私战"，打着"丰臣秀赖支持此举"的旗号征讨上杉景胜的德川家康便失去了大义名分，讨伐军不再是丰臣氏的"正规军"，德川家康本人也陷入了绝境。

"小山评定"是捏造的会议

《内府过失清单》之所以一直未受重视，大概是因为人们普遍觉得石田三成等人对德川家康的批评并未引起东军的混乱。这种看法最大的依据就是所谓的"小山评定"。

江户时代编纂的各种书籍记载，庆长五年七月二十五日（也有写作二十四日的），德川家康召集参加会津征伐的各将领于下野

---

① 检地：为了收税而进行的土地丈量

国小山（现栃木县小山市）举行军事会议。会上，德川家康就终止会津征伐与打倒石田三成之事咨询与会者意见，福岛正则表示支持德川家康，其他人也相继表态。远州挂川城主山内一丰主动提出将城池献出供德川家康使用，在东海道拥有城池的其余诸将也纷纷仿效。描写关原合战的小说和电视剧一定会有这个情节，所以很多人应该都知道这段逸事。二十六日，德川家康下令西上，一般来说，很多人认为这个命令就是基于"小山评定"。

不过，近年来，白峰旬指出，没有任何一手史料能够证明小山评定的真实性（没有一封信提到德川家康让东下诸将在七月二十五日来小山），于是主张小山评定根本就不存在。下面让我们看看白峰旬的说法是否妥当。

之前高桥明和本间宏已经注意到，七月二十三日，德川家康向最上义光传达了终止会津征伐的决定。因此，七月二十五日的小山评定就不可能再去讨论要不要终止会津征伐了。

白峰旬在高桥明等人的研究基础上，重新检讨了《武德编年集成》收录的德川家康写给福岛正则的书信的抄件（信的原件已失传），人们认为这封信证明了小山评定确有其事。这封信的日期是七月二十四日，其中有"早早出兵到那个地方（会津），辛苦了。由于畿内有各种传言，请停止出兵，亲自来这里（德川家康所在地）一趟。详细情况黑田甲斐（黑田长政）、德法印（德永寿昌）会告知你，信中就不详述了。恐恐谨言"[1]等言。

《武德编年集成》是由幕臣木村高敦于元文五年（1740）执

---

[1] 原文为古日语，这里参考了白峰旬论文的现代日语翻译。

笔的德川家康的传记，并于宽保元年（1741）献给第八代将军德川吉宗。此书的七月二十四日条目下收录了上面提到的德川家康的信，次日七月二十五日的条目下记述了小山评定的情况。也就是说，七月二十四日，德川家康（在小山布阵）派出使者黑田长政、德永寿昌，让先行向会津进军的福岛正则回小山，接着在二十五日召开小山评定，这就是《武德编年集成》对小山评定的说明。

但是，几乎相同的抄件在其他福岛家相关的史料中也可以看到。《福岛氏世系图（全）》所收德川家康书信抄件的日期为七月十九日，《天正元和年中福岛文书》则标为七月九日。到底哪个日期是正确的呢？

七月九日，石田三成的阴谋还未暴露，所以可以排除"九日"的说法。那么"十九日"呢？虽然没有史料能够证明这个时候德川家康已经了解了石田三成等人的阴谋，但是正如白峰旬指出的那样，根据当时的状况，德川家康有所察觉也不奇怪。《福岛氏世系图（全）》有"现在手边"的注解，这意味着是看着原文抄写的，因此比《武德编年集成》的记载更为可靠。

另外，光成准治通过广泛分析相关史料，判定七月二十四日，黑田长政正在离开江户向西前进的途中（也就是与正前往会津的福岛正则方向正好相反），他得出的结论与白峰旬一样，认为十九日的日期是对的。《天正元和年中福岛文书》中的"九日"应该是笔误。也就是说德川家康（在江户）命令福岛正则返回江户。

十九日是德川秀忠离开江户前往会津的日子，因此有人认为这时让福岛正则回来，又让德川秀忠出兵，岂不很奇怪？但是光成准治指出，十九日，德川家康还不知道毛利辉元等已加入西军一事。如果他认为畿内的骚乱规模不大，那么一方面让丰臣系大名西进，一方面让征讨军主力继续北上，这种反应是很正常的。

另外，因为光成准治认为小山评定是事实，所以他说"无法判断正则到底要去哪里"，不过根据以上的情况，可以推断他是从江户出发向西。白峰旬指出，从德川家康八月四日写给福岛正则的信等判断，福岛正则七月中旬肯定回到了尾张，因此回到江户后又向北基本上是不可能的。

在所有参加了会津征伐的东海道的有力大名中，福岛正则的居城尾张清须城位于最西边，可以想象，如果西军向东挺进，清须城将首当其冲。难以想象，在丰前（现在的大分县）拥有领地的黑田长政挥军西进，而福岛正则却不西进。而假设福岛正则确实带兵西进的话，那么他在小山的有名的演讲就不是事实，而小山评定本身是否存在也让人生疑。

《武德编年集成》是为了称颂德川家康而编撰的，白峰旬认为该书为了强调小山评定，因此将德川家康写给福岛正则的信的日期由十九日改为二十四日。小山评定是一个为了正当化德川家康而设置的舞台，这样才有了身为丰臣秀吉亲信的福岛正则主张"石田三成才是逆臣"等等戏码。深受丰臣秀吉恩宠的大名们接二连三地表示支持德川家康，这一幕"像画作一般"充满了戏剧性，但也因此让人觉得不真实。小山评定无论如何都让人怀疑是江户时代才出现的捏造的产物。

本多隆成则认为，如果小山评定没有召开，德川家康应该不可能单方面令丰臣系统的大名西上，因此他主张小山评定实际发生过。但是在畿内已经发生了军事动乱的情况下，仍然要求将领们继续征伐会津才不合情理，诸将应该没有反对西上这一战略调整的理由，。

德川家康阵营的这些大名是不是真的有与西军决一死战的决心，很值得怀疑。比如，福岛正则早早就返回自己的居城清须城，与其说是出于对石田三成的憎恶，不如说是不放心自己的大本营一直无人看守。所以，至少在这个阶段，很难相信他们已经有远征美浓、近江的想法。

德川家康没有料到反对力量如此之大

回头再说七月二十一日德川家康从江户出发，向会津挺进一事。单看七月二十一日细川忠兴给松井康之和有吉立行的信，确实可以说在这前后德川家康已经听闻毛利辉元加入西军。再看德川家康令诸将西上的日子是二十六日，所以可以认为，他一开始不太相信毛利辉元参战的情报，并准备继续征讨会津。

关于会津征伐，有一种说法认为，德川家康真正的目的不是为了打倒上杉景胜，而是为了使石田三成这些反对派起事，从而将其一网打尽，才故意使畿内空虚。司马辽太郎的《关原》即采此说，不过这种说法只是从德川家康胜利这个结果倒推出来的阴谋论而已。或许德川家康想到了石田三成会起事，但没有料到毛利辉元、大坂的奉行们也会参与其中，形成燎原之势。

如前文所述，七月二十三日，德川家康告知最上义光要中止会津征伐（见前文），举出的理由是"三奉行来信说石田三成、大谷吉继要谋反"，并附上了三奉行书信的抄件。德川家康并未在信中提及要带兵西上，只是说"再联系"。大概此时他还没有完全掌握京都的情况，所以暂时停止进军，先搜集情报。前文已经说过，正式决定西上是七月二十六日的事情了。此时他应该得到了确切情报，毛利辉元已经参加西军，于是决定彻底停止会津征伐。

不过在做此决定之时，德川家康似乎并不知道三奉行也加入了西军。二十七日，德川家康重臣榊原康政在给身在出羽（现秋田县）的秋田实季的信中写道："应淀殿、三奉行、前田利长请求，为了平定石田三成、大谷吉继的谋反，主公决定取消会津征伐。"

当然，也有可能是德川家康为了不让秋田实季察觉自己的窘境，有意隐瞒了三奉行加入西军的消息。不过二十九日德川家康给黑田长政的信中写道："你西上后，有消息说大坂奉行加入了西军。本想跟你商量一下这件事，因你已经西上而不可行，所以我把详情告知了池田辉政。你跟他商量一下吧。"正如本多隆成所说，德川家康对本方的黑田长政并未有所保留，所以应该认为德川家康得知大坂的奉行们参加西军是七月二十八日之后的事情了。而德川家康在七月二十九日给最上义光，八月二日给伊达政宗的信中也提到了大坂奉行造反，反观之前德川家康留下的文字却声称自己是奉行们的靠山，笠谷和比古据此得出结论，德川家康获得确切消息是在二十九日前后。

对于本多隆成的这种看法，白峰旬则持否定意见。他认为七月十七日大坂就公布了《内府过失清单》，德川家康不可能过了十天还不知道。根据当时的传播速度推断，《内府过失清单》到达江户的时间应在七月二十一日到七月二十二日之间。

　　白峰旬的说法确实有一定道理。不过，德川家康在二十一日离开了江户，所以读到《内府过失清单》应当在这之后。再者，即便他看到了这份文书，恐怕也不会立刻就信以为真。考虑到三奉行曾向自己通报石田三成和大谷吉继谋反，他自然会怀疑这是石田三成假冒三奉行之名而为。更何况，他也应该进一步询问其他大名是否也收到了《内府过失清单》。所以说，德川家康确信三奉行加入西军的日子是二十八日前后并不奇怪。

　　八月五日，德川家康回到江户，一直待到八月末，这个行动有力地说明了畿内发生这么大规模的军事行动出乎德川家康意料。八月中旬，东边的上杉景胜、佐竹义宣，西边的石田三成、毛利辉元，都对他虎视眈眈。他西上的话，上杉景胜可能进攻关东平原，因此在弄清上杉景胜的意图之前，他不敢轻举妄动。实际上，德川家康嫡子德川秀忠此时身在对抗上杉的前线——宇都宫城，秀忠为了阻止上杉军的进攻，已在着手改造包括宇都宫城在内的关东各城。

　　况且，大坂奉行众已投靠西军，《内府过失清单》也送到诸大名手中，福岛正则为首的丰臣系大名已经不可能继续信任德川家康。丰臣系大名中，明确站在德川家康这边的只有池田辉政、黑田长政、细川忠兴、藤堂高虎等为数不多的几个人。福岛正则接近德川家康，无非是出于反对石田三成的立场，只要西军拥丰臣秀赖东进的话，一大半丰臣系大名随时可能离开德川家康。即使在小山评定时众人确实发誓支持德川家康，这也是《内府过失清单》发布之前的事了，算不得数。

　　客观地说，伴随着西军占据大坂城和《内府过失清单》的发布，德川家康已经陷入了前所未有的绝境。说他有意刺激石田三成举兵，实在太过勉强。

自傲的德川家康

那么，为什么德川家康就没有想到反对他的人会一起行动呢？原因是，前田利家死后，德川家康的一系列手腕过于成功，局势一直按着他的计划发展。

由于私婚问题，德川家康一下子把四大老、五奉行都变成了敌人，吃了相当的苦头。他吸取了这个教训，采取各个击破的战术。他借着七将袭击事件使石田三成失势，又陷害前田利长谋反并使其屈服。而最后的总清算就是会津征伐。

德川家康给上杉景胜扣上谋反的帽子，动员全国大名征讨会津。当然，德川家康表面上还是以丰臣秀赖的名义出征，但作为最高指挥官，他实际上是以武士栋梁之姿凌驾于诸大名之上。桐野作人认为德川家康是在效仿丰臣秀吉的小田原征伐。

讨伐上杉景胜之后，当然照例要论功行赏。形式上是由丰臣秀赖赏赐诸大名，而实际上决定权则将掌握在德川家康手里。从德川家康手中得到领地的大名们对其感恩戴德，已与其家臣无异。这么一来，毛利辉元、宇喜多秀家就再也没有对抗德川家康的力量了。

而且，这次战争动员了全国的大名，只靠没收来的上杉景胜的领地是不够分的。所以，就像德川家康之前已经做过的一样，这次他也会将丰臣家直辖领中的一些分给诸大名。事实上，关原合战后，德川家康就把丰臣家的直辖领分封给了东军诸将。对丰臣家领地下手，一方面提高了德川家康的声望，另一方面极大地削弱了丰臣家的实力。这么一来，等到丰臣秀赖成人时，德川家康的霸权就无可动摇了。

假设上杉景胜主动谢罪服软，避免开战，那么就没有势力能够遏制已经制服前田利长、上杉景胜两大老的德川家康了。无论怎样发展，会津征伐都会使德川家康君临天下。因此德川家康没有必要故意让反家康势力集结，兵力达到甚至超过他，然后再正面与其冲突，这完全是舍易就难。当时，德川家康的各个击破战术进展得十分顺利，而且很快就会大功告成。

先是前田利长，接着是上杉景胜，看着五大老中的同僚一个个被当作靶子，毛利辉元、宇喜多秀家难道不会为了自卫而举兵吗？德川家康真的没有想过会有这种情况吗？我们在已经知道结果的情况下，不免觉得德川家康过于大意了。但是，梳理一遍经过，就知道德川家康想不到也是情有可原的。七将袭击事件后，毛利辉元展示了合作的态度，宇喜多秀家也因为宇喜多骚动疲惫不堪，而自傲的德川家康因此看轻了这两个人。

丰臣家内部还有片桐且元等同情德川家康的人，这也让德川家康掉以轻心。石田三成失势后，曾经跟自己对着干的大坂三奉行也表现得服服帖帖。因此，德川家康并没有想到反对他的势力能夺下大坂城。

转折点是岐阜城攻略战

七月末，德川家康给毛利辉元送去一封信。信的内容已不得而知，不过照光成准治的看法，从当时的情况来分析，应该是讲和交涉。

到了八月十七日，黑田长政给亲德川家康的毛利重臣吉川广家去信，催促他道："内府知道这次的事件全因安国寺惠琼的独断专行，辉元并不了解内情。你应当说服辉元与内府和解。如果真的交了手，我方胜利的话，那就覆水难收了，请尽快处理。"一般都把此举视为黑田长政在德川家康的授意下劝诱毛利氏，不过这只是从结果出发的解读而已。

当时的毛利辉元是西军总大将，并在大坂城担任丰臣秀赖的监护人，事实上是丰臣政权的最高指导者。许多西国大名响应他的号召加入西军，使其总兵力超过东军。而德川家康虽然是东军总大将，可《内府过失清单》使他处境尴尬，背上了逆贼的污名，他在江户进退失据。这种情况下，德川家康想让毛利辉元俯首称臣，根本就是痴人说梦。德川家康能够指望的只是与西军的和解。

如果说七月末德川家康还在尝试找出与西军和解的方法，那么其下令丰臣系诸将西上的目的就不会是与西军主力决战。派大军前往与西军近在咫尺的清须城的真实用意应该是向西军施加军事压力，迫使毛利辉元让步。八月中旬，丰臣系将领已经集结于清须城，而德川秀忠直到八月二十四日才率德川军主力出阵，这就能说明上述观点。

德川秀忠军没赶上关原合战一事，虽然有名，但是德川家康对德川秀忠的指示本来就是征讨信浓的西军势力。也就是说，他原本并没有打算让秀忠即刻西上。更进一步说，秀忠军是否真的要前往京都一带，也值得怀疑。平定信州在很大程度上是为了防范上杉景胜，德川家康对东军诸将所言的"上京"也许只是嘴上说说而已。

腹背受敌的德川家康始终担心丰臣系诸将会倒戈。此时，讲和可以说是上上策。德川家康当然没有乐观到认为讲和易如反掌，所以他一边与毛利氏和谈，一边又不断通过藤堂高虎、黑田长政向诸大名送信，试图瓦解西军。不管怎样，可以确定的是，决战的风险太大，德川家康尽量避免决战。

当然，丰臣系诸将并不了解德川家康的心意。以福岛正则为首的诸将集结于清须城，对按兵不动的德川家康越发不信任了。在他们眼里，德川家康的态度就是，让他们与西军冲突，而自己准备坐收渔翁之利。一时间，清须城内的诸将对德川家康的不满甚嚣尘上。于是，当时进入清须城的德川重臣井伊直政、本多忠胜催促德川家康尽快出兵。德川家康继续待在江户旁观浓尾地方战况的话，东军诸将恐生反意，但是出兵的风险确实太大了。

在这种情况下，德川家康赌了一把。板坂卜斋的《庆长年中卜斋记》记载，德川家康派家臣村越茂助前往清须传话："因见诸位全无斗志，所以未能出马。如果开战，我将立刻出兵。"被说成胆小鬼的诸将激起了斗志，八月二十一日，全部人马朝西军重要据点美浓岐阜城进军。丰臣系武将于二十二日成功渡过木曾川，二十三日拿下了岐阜城。

板坂卜斋是德川家康的御用医生，他的《庆长年中卜斋记》也是为了称颂德川家康而作。德川家康对东军将领使用激将法一事真伪难辨，但因诸将的奋战，岐阜城立刻被攻陷却是不争的事实。这次的胜利使战局一转，变得有利于东军。

同月二十七日，岐阜城大捷的消息传到德川家康的耳朵里，他立即放弃了外交路线，当机立断决定出兵。他还下令德川秀忠停止平定信州的作战，指示他立即前往美浓。随机应变的决策能力显示了德川家康的才能，但是反过来说，在拿下岐阜城之前，德川家康一直被压得喘不过气来。所谓从会津征伐到关原合战东军始终占据优势的看法，只不过是在江户时代才出现的"德川史观"的产物。

近年来，学界围绕九月十五日的关原合战展开了激烈的争论。虽然目前还没有结论，但是有一件事基本是没有争议的，那就是西军的小早川秀秋在合战之前，或者合战一开始，就立刻归顺了东军。据说由于小早川秀秋总不兑现里应外合的承诺，德川家康十分不悦，下令用铁炮攻击他的阵地，这就是所谓的"问铁炮"。不过这段逸事也是江户时代的创作。将关原合战中东军的胜利完全归于德川家康大胆的决策，这不过是德川史观神话德川家康的产物而已。

石田三成和上杉景胜没有密约

那么，石田三成和上杉景胜事先有合作吗？有一种说法认为，上杉景胜拒绝了德川家康让其上京的要求，是为了刺激德川家康，将其引到奥羽，好使石田三成趁机在畿内举兵。司马辽太郎的《关原》即采此说。因为石田三成举兵，会津征伐不得不终止，上杉景胜因此得救，有上述说法也情有可原。

然而，六月二十日石田三成写给直江兼续的信只出现在军记物语中，一般认为是伪文书。而举兵后没多久的七月晦日，石田三成在给真田昌幸的信中（这封信的原件保存了下来），为自己没有提前告知举兵消息的责难辩解道："家康在大坂时，无法信任诸大名，所以没有通知你……我自己也不知道究竟会不会真的举兵，想告诉你也办不到。"可见，会津征伐前，连在京的真田昌幸也没有得到消息，更不用提远在会津的上杉景胜了。而实际上，石田三成还拜托真田昌幸给上杉景胜带信。

本书反复强调过，实施阴谋最大的难点在于，参与者越多，泄露机密的风险越大。与明智光秀不同，石田三成没有能够推翻德川家康的兵力，所以他必须争取实力派大名的合作，然而合作被控制在最小限度内是最好的。

之前提过，布谷阳子根据七月十五日岛津义弘给上杉景胜的信得出结论：石田三成很早就与大坂奉行众、岛津义弘、上杉景胜等建立了合作关系（见前文）。但是前文已经论述过，这封信很可能是伪造的。上京的岛津义弘的军队不足千人，他没有积极参与反对德川家康的计划。岛津义弘八月给岛津家去过一封信，但看不出他非常敌视德川家康。另外，桐野作人也否定了义弘积极参与过谋议的说法。

实际上，事先与石田三成达成密约的恐怕只有毛利辉元、宇喜多秀家、大谷吉继。只要有了这三人的协助，石田三成就有可能发起相当规模的行动，也能以此为核心召集其他大名。石田三成事先没有与大坂三奉行建立合作关系，与岛津义弘、上杉景胜等人的接触应该也是在事后。

之所以有些研究者认为石田三成和上杉景胜事先就有联系，是因为他们觉得，上杉景胜在不知道石田三成会有所行动的前提下，根本不可能挑衅德川家康。这种看法也是可以理解的，因为在后世的我们看来，没有石田三成的同盟就去挑衅德川家康的话，无异于自杀。

但是，德川家康在短时间内就集结了大规模的会津征伐军，这是上杉景胜、直江兼续没有想到的。与讨伐加贺的前田利长不同，会津征伐是一次远征，他们自然会认为在石田三成等反家康派势力犹存的情况下，德川家康无法长时间离开畿内。事实上，如同水野伍贵指出的那样，很多大名认为，只要德川家康离开畿内，就会发生政变。虽然德川家康是因为轻视反对势力才决定发动会津征伐，但是前一年回到会津的上杉景胜没有意识到自己回会津之后，德川家康的势力发展到了怎样的程度，同样是完全失算了。

因此可以认为，石田三成与上杉景胜、直江兼续没有具体的密约。实际情况也与石田三成的预期南辕北辙：景胜没有进攻关东，而是优先考虑控制奥羽和越后。西军原本的战略构想——畿内的石田三成和奥羽的景胜对关东的德川家康形成夹击之势，就此破产，德川家康也因此得以西进。这是造成西军败北的原因之一。石田三成想的"就算不提前说好，上杉景胜也会拖住德川家康"的盘算，可以说跟明智光秀犯了一样的错误。

直江兼续有意挑衅德川家康，想将其引诱到奥羽，这样石田三成便可趁畿内空虚的机会出兵，而这又正中德川家康下怀，把石田三成、直江兼续玩弄于股掌之间。对于小说而言，虚虚实实的谋略战是引人入胜的，但是现实的历史却不是这样。所谓胜负，就是双方都会犯错，错误少的一方获胜。

终 章

阴谋论为什么受欢迎

第一节　阴谋论的特征

因果关系的说明过于简单明了

本书在介绍日本中世各种各样的阴谋、政变的同时，也介绍了自称揭示真相实则荒诞无稽的阴谋论。那么，到底什么是阴谋论呢？

"阴谋论"这个词并没有明确定义。本书试着下一定义：阴谋论是一种思维方式，这种思维方式认为，历史按照某人或某个组织事先制订的计划发展。换句话说，阴谋论是基于这样一种想法："阴谋设计者是能够完全预见未来的毫无缺陷的天才（或者说超能力者）。"

昭和史研究者秦郁彦认为，阴谋论有几个特征。第一个特征是"因果关系的说明过于简单明了"。本来一件事的起因有好几个，但是阴谋论通过简单化，将其归结为一点。

　　"田母神俊雄论文"[①] 提出的有名的"共产国际阴谋论"就是个典型的例子。共产国际是共产主义国际联盟的简称，虽然是世界各国共产党的国际组织，但在斯大林时代，实际上服从苏联的命令。前日本航空自卫队幕僚长田母神俊雄认为美国财务部特别辅佐官怀特"写下了对日最后通牒《赫尔备忘录》……他通过罗斯福总统好友摩根索说服总统，最终将我国逼入不得不与美国开战的地步"。也就是说，苏联担心受到日德夹击，为了让日本与美国开战，通过怀特设下了一个局。

　　但是，负责美国对日外交的是国务院（国务卿是赫尔）。对日最后通牒虽然参考了摩根索的意见，但从根本上说还是国务院写的。

　　而且怀特起草的《摩根索草案》中，含有废除排日移民法案和免除二十亿美元对日借款等对日宽容条款（《赫尔备忘录》中没有）。当时的美国视支援与德国作战的英国为最优先课题，在这种情况下，美国政府内的对日宽容派认为过度刺激日本并非上策，而《摩根索草案》也反映了这种意见。如果日本收到的是《摩根索草案》，而非《赫尔备忘录》，历史的发展可能截然不同。这是共产国际阴谋论的一个非常大的矛盾点。

　　从佐尔格事件[②]可以看出，苏联确实进行着谍报活动。但是曾与怀特接触过的原苏联特工化名"葛尔戈维奇·帕布罗夫"接受日本放送协会（NHK）采访时说："曾经和怀特见过一面，他不

---

① 田母神俊雄：1948 年出生。2008 年时任日本航空自卫队幕僚长的田母神俊雄发表论文《日本是侵略国家吗》，否认侵略历史，美化日本的侵略行为。他作为政府官僚发表与政府见解相反的观点，在当时引起轩然大波，论文公开的当晚被解除幕僚长一职。
② 佐尔格事件：理查德·佐尔格（1895—1944），德国人。20 世纪 30 年代到 40 年代在德国、日本等国长期为苏联工作，1941 年在日本被捕，1943 年被处死。

是苏联的谍报人员。"既然苏联并没有操控美国的力量，那么共产国际将日美导向战争之说就显得牵强附会了。

拿本书举过的例子来说的话，应仁之乱中日野富子恶女说即属于"因果关系的说明过于简单明了"。应仁之乱的起因纷繁复杂，包括将军家的后继者问题、细川氏与山名氏的权力斗争、畠山氏家督之争、斯波氏家督之争等。而阴谋论将起因简单归结为"都是日野富子的错"。

论述的跳跃性

第二个特征是**"论述的跳跃性"**。阴谋论者往往对事实一知半解，仅凭一己想象便认为"应该是这样""绝对是这样"，从而凭借臆测和想象创作出各种故事。接连不断的臆测，充其量只是头脑风暴而已。犹太人阴谋论就是典型。有些人只是因为俄国革命的领导层中有许多犹太人（比如托洛茨基），就直接认定俄国革命是犹太人的阴谋。

我们可以在日本中世的阴谋论里发现和犹太人阴谋论思路相似的例子，那就是第六章提过的耶稣会黑幕说。立花京子以"织田信长与耶稣会有交往""耶稣会来自西班牙和葡萄牙，这两个地方有铁炮、大炮等军事技术"这样的事实为依据，直接跳到"耶稣会为了让织田信长执掌天下，给他提供了军事技术"这样的结论上来。

立花京子注意到耶稣会传教士弗洛伊斯在《日本史》中写道，织田信长神化自己，命人们像对神一样崇拜自己，因而触怒了造物主，最终灭亡了。注意到这点没什么不好，但是她主张造物主杀死织田信长是比喻，弗洛伊斯借此暗示耶稣会决定杀死织田信长，这就是论述上的跳跃。她完全没有解释为什么弗洛伊斯会暗示耶稣会是本能寺之变的幕后黑手。由常识判断，和她相反的说法反而更加合理。即将成就霸业的织田信长急死，出乎人们意料，所以传教士才做了"因为织田信长不信仰造物主，所以才受到神的惩罚"的解释（如前所述，织田信长的自我神格化是弗洛伊斯捏造的）。

我们也可以在德川家康黑幕说中发现这种论述上的跳跃。前面说过，明智宪三郎的假说有这样的"立场颠倒"：织田信长命明智光秀讨伐德川家康，明智光秀对织田信长的政策不满，反过来与德川家康联手杀了织田信长。

为了证明这个假说，明智宪三郎举出了这样的旁证："六月一日，织田信长在本能寺故意对公家众说'六月四日要出兵中国地方'。这是为了欺骗德川家康的花招。这个时候，织田信长并没有前往中国地方的打算。"

织田信长之所以对公家宣称要出兵中国地方，是为了让德川家康相信"信长将出兵中国地方"，明智宪三郎的这个推理缺乏根据。他提出的证据只有一点，就是读《惟任退治记》时感觉织田信长还没下定决心去前线。

明智宪三郎认为"《惟任退治记》只是把秀吉从信长处得到的指令原封不动地写了一遍"，这不过是他的猜测而已。根据更为可信的史料《信长公记》的记载，当时织田信长已经决定出兵中国地方了。退一步说，即使《惟任退治记》的内容属实，那么不打算出兵的织田信长告诉丰臣秀吉自己准备出兵，实在太奇怪了。

因此，所谓掩人耳目说不过是想象（或者说妄想）。

明智宪三郎大概因为考虑到织田信长明明没必要说，却还是说了这句话，因此才会得出结论，他是为掩人耳目吧。不过当时每逢霸主织田信长上京之日，京都的公家为了讨其欢心，都会去拜访他。实际上，这次就有不少公家为了庆祝出兵而造访本能寺。所谓"六月四日出兵中国"之言不过是说"这之前一直在京都"之意。听闻织田信长"六月四日出兵"的公家又转告还未来得及拜访的其他大臣，敦促其"明日或后日赶紧拜访"，所以才有了织田信长特意告知一事。对这些言行，实在没有必要做过度解读。

从结果倒推原因

第三个特征是**"从结果倒推原因"**。本书反复强调的"获利最大者即真凶"这个思路，对于找出幕后黑手是很有用的。然而，过于执着于此，就会导致千奇百怪的阴谋论。

第六章中提到的"本能寺之变的幕后黑手是秀吉"这样的奇谈怪论，就是从结果倒推的典型例子。阴谋论者坚决否认偶然的运气因素，总是认为受益者策划了阴谋。

后世之人由于已经知道结果，往往容易觉得"毫无疑问，胜利者有着明确的目标，为了实现目标把所有一切都计算在内，按照事前的既定计划行动"。第七章谈到的德川家康挑衅石田三成的说法，也是以德川家康预见了一切为前提的。

但是当时的人无法预知未来，摸着石头过河才是常态。上一章提到，因《内府过失清单》而陷入绝境的德川家康，试图与毛利辉元修补关系，由此可知德川家康不是为了诱使反家康派举事而发动会津征伐的。认为德川家康一心要发动决战的主张，正是从结果倒推出来的。

从结果倒推的操作空间非常大。"通过找寻起点，找出宿命的对立"是阴谋论者的老套手段。秦郁彦说："导致某种结果的多个原因，很难辨清孰轻孰重。考虑的时间段拉得越长，间接的因果关系就越多，从而导致了类似蝴蝶效应的说明。实际上，很多阴谋论史观，为了找到称心的证据，往往将时间起点追溯到百年之前。"

秦郁彦举的典型例子是藤原正彦的《日本人的骄傲》。该书将从黑船事件（1853）开始到标志着美军占领正式结束的《旧金山和约》生效（1952）为止的一百年，定义为"百年战争"，提出美国早在黑船事件发生时就想支配日本，从而发动了一系列战争。

然而，只要有初高中水平的历史知识就不难看出，日美并非一直对立，也有相当长的友好时期。近年的研究更揭示了，就算是决定发动对日战争的罗斯福总统，也有一段时期是打算与日本谈判的。藤原正彦通过只强调两国之间的对立，从而得出了"美国自始至终敌视日本"的阴谋论。

本书也提到了类似的例子，比如源赖朝、源义经兄弟的对立。养和元年（1181）七月二十日，鹤冈若宫宝殿完工仪式上，源赖朝命源义经将赏给匠人的马牵来，源义经不愿受命，源赖朝因此斥责源义经，吓得源义经赶紧去牵马。这段说明兄弟二人对自身地位认识有差的逸事广为人知，源义经认为自己是源赖朝之弟，应被另眼相看，而源赖朝则认为源义经只是家臣之一。

通过强调这种情节，有人主张源赖朝、源义经兄弟从一开始就不和，决裂不可避免。第二章论述过的思路——"以前二人有摩擦→二人的对立是注定的→源赖朝从一开始就打算除掉源义经"，不过是从结果倒推出来的。虽说平氏灭亡后，由于源义经接近后白河法皇，源赖朝对其心生疑虑，但是他并未立刻就打算除掉源义经，最初是打算以和平手段争取源义经的。

转嫁举证责任

阴谋论者经常把举证的责任转嫁到批评者身上。如果要举一个容易理解的例子，那就是相信 UFO 存在的人要求不相信的人"给我证明 UFO 不存在"。这就是俗话说的"恶魔的证明"。由于证明阴谋论绝对不成立非常困难，所以阴谋论能够根深蒂固地存在下去。

阴谋论并非立足于明确的证据之上，因此经常被批评缺乏史料支撑。对此，阴谋论者常用的借口是，可以当作证据的史料或者被毁，或者被人有意隐藏。

对于没有史料能够证明丰臣秀吉与耶稣会合作的批评，立花京子反驳道，因为不想被人知道是凭着耶稣会的力量才得到天下，所以丰臣秀吉将能够证明两者关系的史料都毁掉了。这种说法如果可以被承认的话，那么什么样的奇谈怪论都能成立了。

持家康黑幕说的明智宪三郎也是一样。他提出"织田信长、德川家康、明智光秀的'历史'都是丰臣秀吉捏造的"。当时的霸主丰臣秀吉按照自己的心意随心所欲地编造故事，篡改各种文献，所以我们才看不到真实的历史。

的确，"历史是胜利者书写的"，胜利者篡改历史的例子司空见惯。但是明智宪三郎的情况却是，只要是不符合自己心意的史料，都会被他批评为"被丰臣秀吉篡改了"。如果要说史料被篡改，按理说他就应该拿出篡改的证据，但是他的做法只是批评"通行的说法很奇怪，无法接受"。

比如，《惟任退治记》详细描述了明智光秀的怨恨和野心，强调了明智光秀是单独行动的。明智宪三郎就主张，之所以有这样的描述是因为秀吉操弄情报。他说秀吉明明知道明智光秀和德川家康有共谋，但是偏偏不公开事实。他的理由是，明知明智光秀要谋反，但是故意放过明智光秀，对于秀吉而言是不光彩的事情。这些说法仿佛是亲眼所见，这正是明智宪三郎的一贯套路。

历史学家只能凭借为数不多的现存史料探究历史的真实。失传的史料当然比流传下来的多得多。因此，无论如何细致绵密的历史学说在构建过程中都会留有弱点。要想指摘这样的弱点，可以说是出乎意料地简单。

阴谋论者无视自己的想法只是想象的产物，却攻击别人的学说"只是推测""没有确实的证据"。历史学本来就是探究、接近"真实"的学问，但是阴谋论者却对自己的主张有着百分之百的自信。当他们抱有这样的自信时，他们已经没有被称为历史研究者的资格了。

第二节　人为什么会相信阴谋论

简单明快容易懂

人为什么会相信阴谋论呢？这往往是由于阴谋论能够"简单

明快地说明因果关系"。阴谋论经常将原因归于一点。比起分析多种要因的通说，将一切归结到一点的阴谋论更容易理解。

这里举个例子。第一次世界大战末，德国已经丧失了继续作战的实力，但协约国还没有攻入德国领土。而协约国之一的俄国爆发了革命，成立了苏联①，列宁希望能早日终战，于是在1918年3月与德国缔结了和约。这就是《布列斯特–立托夫斯克和约》，条约规定苏联放弃一部分领地给德国，而此时不少德国国民仍然相信德国必胜。

不料，到了同年11月，德国基尔的水兵起义了，各地接二连三地响应（史称"德国革命"）。德皇威廉二世流亡荷兰，新成立的魏玛共和国与协约国签订终战协议。原以为自己会取胜，结果突然败得一塌糊涂的德国人开始思考战败的原因。最后，他们得出的结论是"犹太人和共产党人煽动革命，导致德国战败"这么一个简单易懂的阴谋论（即所谓的"背后的突袭"）。而这个论调也成了孕育德国法西斯的土壤。

关于应仁之乱的讨论也有同样的问题。《应仁记》记述的日野富子恶女说简单易懂，所以流传至今，深入人心。《应仁记》的说明简单易懂，不需要大量学习、调查，阴谋论因此大受欢迎。

"从结果倒推"这个特征在一定程度上也有助于使阴谋论简单易懂。从结果倒推，无非就是将结果和原因直接联系起来。这么一来，参与者的犹豫、误判就没有容身之处了。

德川家康诱使石田三成起兵就是典型例子：原因是德川家康

---

① 原文如此。俄国十月革命后建立的是苏维埃俄国，苏联是1922年成立的。

与毛利辉元、石田三成等对立，结果是德川家康在关原合战中获胜。两者用直线相连的话，那就是德川家康一开始就打算将反家康派势力一扫而空，计划成功，石田三成等人倒台。比起德川家康未曾料到反对势力会聚集如此大规模的兵力，有段时间在探索和谈之道的史实，阴谋论当然简单易懂得多。因此，这种说法容易得到大多数没什么历史知识的人的支持。

掌握"历史真相"的优越感

近代以来出现的阴谋论有动辄全盘否定传统说法的倾向。田母神俊雄全盘否定现在日本历史教育中的"自虐史观"。去年过世的英语学者渡部升一评价田母神俊雄的论文："比文部科学省的日本史教科书准确得多。"田母神俊雄的论文获得了 APA 集团主办的第一届"'真实的近现代史观'悬赏论文"的最优秀奖，就是这种风潮的象征。

明智宪三郎将自己的书命名为《本能寺之变：四百二十七年后的真相》《本能寺之变：四百三十一年后的真相》，声称是"四百三十年以来，谁也没有说出过的答案""为了揭示真相而写下的书"。历史学者知道还原过去的难度，不会轻易使用"真实"这个词汇，而阴谋论者则张口就来。对于阴谋论者而言，阴谋论才是"历史真相"，普通人所相信的历史概念都是伪造的。

而且他们还有着强烈的、不知从何而来的责任感。立花京子宣称："我之所以能坚持长年研究，除了探索谜底本身的乐趣，还因为如果不把我提出的假说证实并公开，我们恐怕会永远将假象当成我国历史的真相。为了从历史中吸取祖先的经验教训，防患于未然，对我来说，我们必须进一步了解真实的历史。"

明智宪三郎也是这样。对于强调明智光秀怨恨与野心的传统学说，他的看法相当有趣。他批评传统学说只是"事件堆积史观"，并积极宣传道："失掉了大历史框架的事件堆积史观，无法带给我们任何经验教训。通过学习真正的战国史，我们一定能够发现些什么。"他从自身的假说——明智光秀是为了阻止织田信长"入唐"（侵略中国）才发动了本能寺之变出发，进一步衍伸到丰臣秀吉入侵朝鲜，甚至近代日本的"入唐"，构成了一幅宏大的历史图景。明智宪三郎的说法，与批评日本军国主义联系在了一起，不得不说有几分启蒙、说教的意味。

存心欺骗的阴谋论者当然存在，但是很多阴谋论者确确实实相信自己掌握了"真实的历史"，他们是为了将真相带给人们才著书立说的。这已经成了一种传教活动，因为他们相信自己是正确的，以至于有将传统学术全盘否定的倾向。而其充满自信的口吻也迷惑了不少读者。

没有写在菜单上、只有老食客才会点的食物，秘而不宣的游戏技巧，为什么受欢迎呢？因为这会带来一种优越感，让人觉得自己与众不同。藤冈信胜、自由主义史观研究会合著的《教科书上没有的历史》，井泽元彦的《井泽元彦的教科书上没有的日本史》等等，都是以"教科书上没有的真实的历史"为卖点。

同样，阴谋论号称与表面的历史、公认的历史不同，是不为人知的、真实的历史，并以此来吸引眼球。阴谋论以"一般人盲目相信教科书的说法，而自己才掌握了真实的历史"来满足人们的自尊心。况且，如前文所述，阴谋论简单易懂，不需要下功夫就能理解，再加上可以让人有优越感，所以颇有市场。

越是高学历的知识分子越容易上当

左派知识分子往往嘲笑右派被蹩脚的阴谋论所骗。但是这并不是说，没有头脑的人才会被阴谋论所骗。受过教育的知识分子上当受骗的例子同样不胜枚举。

第二次世界大战前，日本的犹太人阴谋论代表人物是四王天延孝。他毕业于陆军大学，官至陆军中将，是军界精英。但是他随军出兵西伯利亚时被犹太人阴谋论吸引，真心相信俄国革命是犹太人的阴谋。他不仅翻译了《锡安长老会纪要》（该书记载了犹太人征服世界的计划，是对国内反政府运动束手无策的沙俄当局为了将民众的不满引向犹太人而撰写的伪书），还发表了多部关于犹太人阴谋论的著作。希特勒上台后，四天王延孝表示欢迎，并叫嚣打倒犹太人对美英苏的支配。他同样醉心于共济会阴谋论，认为蒋介石和罗斯福都是其成员。

与之相对，还有像安江仙弘这样为了保护犹太人而四处奔走的军人。安江仙弘的行为虽值得褒奖，但其同情犹太人的理由却是他相信所谓的"日犹同祖论"（日本人和犹太人原来是同一民族）。即便是受过教育的日本人，对犹太人也知之甚少，因此容易相信犹太人阴谋论、日犹同祖论等奇谈怪论。

伪史研究者原田实指出："越是相信自己收集资料的能力，越是相信自己的智力的人，越容易倾心于提出前所未见的说法的书，越容易赞赏充斥着荒诞内容的书。"犹太人阴谋论、共济会阴谋论、日犹同祖论、"源义经＝成吉思汗"说等有名的阴谋论、谣言，在二战前已经出现了。喜欢神秘主义、超自然主义、伪史的人见到它们可能反而会付之一笑，认为只是老调重弹。但是一般的读书人平时不会接触这些匪夷所思的说法，偶尔接触后可能觉得耳目一新，反而轻易掉进陷阱。带着强烈的超自然主义色彩的奥姆真理教，正是因此吸引了一大批高学历者。

第六章提到过，本能寺之变的家康黑幕说并不是明智宪三郎独创，以前就有人持相同论调。但是普通历史爱好者往往不熟悉本能寺之变的研究史，结果轻易地相信了"四百三十年以来，谁也没有说出过的答案"这样的宣传。著名的补习学校讲师出口汪就高度赞扬了明智宪三郎的学说："本书利用了大量史料，颠覆了以往的历史，给人留下深刻的印象，是新历史的开端。"

与伪科学的相似性

如此看来，人们不由得觉得阴谋论与伪科学之间有着相似之处。所谓伪科学，指的是看起来像科学，但实际上并没有科学依据的理论。科学与伪科学之间的界限很难划清，这里专指类似于"只要吃了什么什么，癌症就能治好"这类明显的谣言。美国心理学家海茵斯列举了伪科学的一些特征。

第一，无法证伪。卡尔·波普尔认为不能证伪的理论就不是科学理论，而伪科学则无法证伪，所以似是而非。即使被实验证明是错的，伪科学的支持者也会辩解说实验本身有问题，而绝不会承认自己的错误。

第二，对检验的态度消极。伪科学的证据，往往是通过非公开实验获得的。当反对者要求公布实验过程时，这些人会以各种理由拒绝。虽然不知道能否算是伪科学，但在 STAP 细胞争论中，自称成功制造了 STAP 细胞的小保方晴子，总是不同意怀疑派在公开的环境下重复实验的要求。想到这个例子就容易理解这点了。

顺带提一句，在明治末的千里眼事件（有关御船千鹤子、长尾郁子的透视能力真假之争）中，人们通过数次公开实验证明了所谓的千里眼其实是谎言。这之后，日本就再没有公开检验超能力真伪的事例了。

第三，转嫁证明责任。按理说，伪科学的主张者应该用科学的方法证明自己的学说是正确的，但他们反而要求批评者证明自己的学说不成立。

之前提到过，阴谋论也有这个特征。阴谋论者绝不承认自己的说法可能是错的，对发掘和公开决定性的史料也没什么兴趣。

比如，主张"信长凭借南欧势力的援助，才得以建立霸权"的立花京子就承认"没有确切的史料证据"。无论如何用好意的眼光来看，她的说法充其量只是根据整个脉络进行的推理而已。

这样的话，寻找具有决定性作用的新史料理应成为最重要的目标。耶稣会关系史料中，没有出版过的和没有翻译成日语的，不在少数。广泛搜集这些史料的话，也许能够发现可以明确证明"凭借南欧势力的援助，织田信长才得以建立霸权"的证据。

但是，我们看不到立花京子生前有过这样的努力。既然她提出了南欧势力推动了日本社会由中世进入近世这样宏大的论题，那么她就该在葡萄牙、西班牙、意大利等地调查耶稣会相关资料才对。可是她使用的不过就是弗洛伊斯的《日本史》等很早以前就广为人知的史料。她提出朝廷黑幕说时，曾经对《日日记》进行过细致的解读。但她后来厌倦了这种努力，抛弃了实证的研究手法，盲目地相信自己的想象，实在令人遗憾。

阴谋论者不去进行新的调查来完善自己的学说，却倾向于批评通说的小毛病，并攻击批评者。更过分的人则会用新的阴谋论为自己辩解，自己的学说之所以未成为定说，是因为有人刻意隐瞒真相。

本能寺之变有没有黑幕，幕后黑手是谁，对我们的日常生活完全没有影响。但是，如果癌症患者落入了似是而非、价格不菲的民间疗法的圈套，那么人生就算毁了。增强对阴谋论的免疫力，能帮助我们看破利用伪科学的不良商人。

专家的问题

关于历史问题的阴谋论层出不穷，历史学界也有一定责任。原田实说："许多专家对社会上正在流行什么毫不关心，而且学界内部还有不少人挺欣赏这种心态。"他批评了学术界无视阴谋论和奇谈怪论在社会上广泛流传的态度。

我所在的日本史学界，虽说不会特别赞赏那些不问世事，专心学问的人，但是整体上来说，是尊敬这些人的。本书开篇即提到过，对于本能寺之变、坂本龙马暗杀等问题，日本史学界的基本态度是认为只有门外汉才关心这些。学术圈的人要论述这些问题，往往被人嘲笑为想在媒体上出风头。于是，专家们自然而然地采取了回避阴谋论的态度。我估计，日本中世史学界能系统地了解本能寺之变的各种阴谋论，把各种论点整理出来的人，恐怕少之又少。

　　就算知道有阴谋论流行，专家们也不会去否定它们。即使证明了那些一看就知道是胡说八道的学说是错误的，学术界也不会把这当作研究成果。据我所知，只有类似藤本正行这样的民间研究者在批评明智宪三郎的家康黑幕说，学术界没有人批评。对于立花京子的研究也是这样。虽然有史学界的人批评她提出的本能寺之变朝廷黑幕说，但是没有人批评耶稣会黑幕说。并不是因为耶稣会黑幕说无懈可击，而是由于过于荒唐，以至于无人理会。

　　这里想介绍一下"《东日流外三郡志》事件"，虽然不是阴谋论，但颇有几分相似。《东日流外三郡志》是一本史书。20 世纪 70 年代，有人说它是青森县五所川原市的和田喜八郎（1927—1999）改造自家住宅时，在屋顶掉下来的箱子里发现的。该书记载了古代以津轻为据点的一直与大和朝廷为敌的荒霸吐家族的事迹。里面有《古事记》和《日本书纪》没有的内容，如果是真实的，那么就是一个大发现。

　　但是，由于与考古调查矛盾，而且书中使用的词汇过于现代，因此现在该书已经被确定为伪书。从笔迹来看，作者应该就是和田喜八郎本人（认为是伪书的人越来越多，和田喜八郎就开始声称，公开的不是原件，而是自己的手抄本）。

　　不过，也有人信了和田喜八郎的说辞。1975 年，青森县北津轻郡市浦村（平成大合并时并入其他行政区）将书的一部分内容收录到《市浦村史：资料篇》中。村史编纂室内部也有怀疑的声音，不过最终以"真伪交由读者自行判断"的态度正式发行。就这样，《东日流外三郡志》似乎得到了官方认可，作为一部记述了被大和政权抹杀的、有关传说中的东北王朝的史书，不仅受到报道小道新闻的杂志青睐，甚至得到了某些正规媒体的厚遇。

《东日流外三郡志》的真伪，基本上只在民间历史研究者中掀起了争论，而专业历史研究者则对此采取了无视的态度。

日本古代史研究者小口雅史（当时是弘前大学人文学部副教授），以《该如何看待近期关于〈东日流外三郡志〉的争论》为题，向伪书派安本美典编辑的《邪马台国季刊》52号（1993年）投稿。他在文中写道："有读者向本地报纸投稿，批评弘前大学国史学研究室为什么不认真对待这本书。但是对于研究者来说，研究生涯是有限的，必须进行的研究、必须做的事情非常多。如果是有利用价值的史料，那么就应该挤出时间积极地研究。但是为了否定其价值而特意进行研究的话，只不过是浪费时间。所以对于这种资料，学术界一般都会直接忽视掉。"也就是说，《东日流外三郡志》明显是伪造的，没有必要特地研究它。

作为日本史学界的一员，我当然能够理解小口雅史的心情。明显是伪造的史料、不值一提的奇谈怪论，用不着挨个批评，忽视掉就好，这不仅是小口雅史个人的意见，更是日本史学界的共识。只是，如果所有的日本史研究者都将其当作浪费时间，那么阴谋论和奇谈怪论就会毫发无伤地存在下去。有时再经由媒体和名人的嘴，在社会上造成影响。总得有人出来以正视听吧。这就是我写这本书的原因。

参考文献

第一章

川合康『日本中世の歴史3　源平の内乱と公武政権』吉川弘文館，二〇〇九年。

河内祥輔『保元の乱・平治の乱』吉川弘文館，二〇〇二年。

竹内理三『日本の歴史6　武士の登場』中公文庫，二〇〇四年。

橋本義彦『藤原頼長』吉川弘文館，一九八八年。

古澤直人「平治の乱における源義朝謀叛の動機形成」『経済志林』80－3，二〇一三年。

同「平治の乱における藤原信頼の謀叛」『経済志林』80－4，二〇一三年。

同「平治の乱の要因と12月9日事件の経緯について」『経済志林』80－4，二〇一三年。

美川圭『院政』中公新書，二〇〇六年。

元木泰雄『保元・平治の乱』角川ソフィア文庫，二〇一二年。

同「保元の乱における河内源氏」『大手前女子大学論集』二二，一九八八年。

第二章

川合康「「鹿ケ谷事件」考」『立命館文学』六二四，二〇一二年。

河内祥輔『頼朝がひらいた中世』ちくま学芸文庫，二〇一三年。

五味文彦『源義経』岩波新書，二〇〇四年。

下向井龍彦『日本の歴史07　武士の成長と院政』講談社学術文庫，二〇〇九年。

菱沼一憲「源義経の挙兵と土佐房襲撃事件」『日本歴史』六八四，二〇〇五年。

同『源義経の合戦と戦略』角川選書，二〇〇五年。

元木泰雄『平清盛の闘い』角川ソフィア文庫，二〇一一年。

同『源義経』吉川弘文館，二〇〇七年。

安田元久『後白河上皇』吉川弘文館，一九八六年。

山本幸司『頼朝の精神史』講談社選書メチエ，一九九八年。

第三章

網野善彦『蒙古襲来』小学館文庫，二〇〇〇年。

石井進『日本の歴史7　鎌倉幕府』中公文庫，二〇〇四年。

同『鎌倉びとの声を聞く』日本放送出版協会，二〇〇〇年。

奥富敬之『鎌倉北条氏の興亡』吉川弘文館，二〇〇三年。

五味文彦『増補　吾妻鏡の方法』吉川弘文館，二〇〇〇年。

佐藤進一『日本中世史論集』岩波書店，一九九〇年。

高橋慎一朗『北条時頼』吉川弘文館，二〇一三年。

永井晋『鎌倉幕府の転換点』NHKブックス，二〇〇〇年。

南基鶴『蒙古襲来と鎌倉幕府』臨川書店，一九九六年。

藤本頼人「源頼家像の再検討」『鎌倉遺文研究』三三，二〇一四年。

細川重男「「霜月騒動」再現」『ぶい＆ぶい』〇一七，二〇一一年。

同『鎌倉幕府の滅亡』吉川弘文館，二〇一一年。

同『北条氏と鎌倉幕府』講談社選書メチエ，二〇一一年。

本郷和人『新・中世王権論』文春学藝ライブラリー，二〇一七年。

村井章介『北条時宗と蒙古襲来』NHKブックス，二〇〇一年。

山本幸司『日本の歴史09　頼朝の天下草創』講談社学術文庫，
　　二〇〇九年。

第四章

市沢哲編『太平記を読む』吉川弘文館，二〇〇八年。

岡野友彦『北畠親房』ミネルヴァ書房，二〇〇九年。

亀田俊和『足利直義』ミネルヴァ書房，二〇一六年。

同『【実像に迫る】007　征夷大将軍・護良親王』戎光祥出版，
　　二〇一七年。

同『観応の擾乱』中公新書，二〇一七年。

川合康『鎌倉幕府成立史の研究』校倉書房，二〇〇四年。

河内祥輔『日本中世の朝廷・幕府体制』吉川弘文館，二〇〇七年。

佐藤進一『日本の歴史9　南北朝の動乱』中公文庫，二〇〇五年。

清水克行『足利尊氏と関東』吉川弘文館，二〇一三年。

細川重男「足利尊氏は「建武政権」に不満だったのか？」呉座勇

　一編『南朝研究の最前線』洋泉社，二〇一六年。

峰岸純夫『足利尊氏と直義』吉川弘文館，二〇〇九年。

村井章介『中世の国家と在地社会』校倉書房，二〇〇五年。

第五章

家永遵嗣「軍記『応仁記』と応仁の乱」学習院大学文学部史学
　科編『歴史遊学』，二〇〇一年。

同「再論・軍記『応仁記』と応仁の乱」学習院大学文学部史学
　科編『〔増補〕歴史遊学』，二〇一一年。

同「足利義視と文正元年の政変」『学習院大学文学部研究年報』
　六一，二〇一四年。

末柄豊「応仁・文明の乱」『岩波講座　日本歴史 8　中世 3』，
　二〇一四年。

第六章

明智憲三郎『本能寺の変　431 年目の真実』文芸社文庫，二〇
　一三年。

同『織田信長　四三三年目の真実』幻冬舎，二〇一五年。

池上裕子『織田信長』吉川弘文館，二〇一二年。

今谷明『信長と天皇』講談社学術文庫，二〇〇二年。

岩沢愿彦「本能寺の変拾遺」『歴史地理』91－4，一九六八年。

小和田哲男『明智光秀と本能寺の変』PHP 文庫，二〇一四年。

金子拓『織田信長 〈天下人〉の実像』講談社現代新書，二〇
　一四年。

同『織田信長』河出書房新社，二〇一七年。

神田千里『織田信長』ちくま新書，二〇一四年。

桐野作人『真説 本能寺』学研M文庫，二〇〇一年。

同『だれが信長を殺したのか』PHP 新書，二〇〇七年。

桑田忠親『明智光秀』講談社文庫，一九八三年。

鈴木眞哉・藤本正行『新版 信長は謀略で殺されたのか』洋泉
　社，二〇一四年。

高柳光寿『明智光秀』吉川弘文館，一九八六年。

立花京子『信長権力と朝廷 第二版』岩田書院，二〇〇二年。

同『信長と十字架』集英社新書，二〇〇四年。

谷口克広『検証 本能寺の変』吉川弘文館，二〇〇七年。

徳富蘇峰『近世日本国民史　織田信長』講談社学術文庫，
　一九八〇〜一九八一年。

藤田達生『本能寺の変の群像』雄山閣，二〇〇一年。

同『謎とき本能寺の変』講談社現代新書，二〇〇三年。

同『証言 本能寺の変』八木書店，二〇一〇年。

藤本正行『本能寺の変』洋泉社，二〇一〇年。

堀新『日本中世の歴史 7　天下統一から鎖国へ』吉川弘文館，
　二〇一〇年。

同『織豊期王権論』校倉書房，二〇一一年。

三鬼清一郎『織豊期の国家と秩序』青史出版，二〇一二年。

第七章

笠谷和比古『関ヶ原合戦』講談社学術文庫，二〇〇八年。

同『関ヶ原合戦と近世の国制』思文閣出版，二〇〇〇年。

桐野作人『関ヶ原島津退き口』学研Ｍ文庫，二〇一三年。

白峰旬「フィクションとしての小山評定」『別府大学大学院紀要』一四，二〇一二年。

同「「小山評定」の誕生」『別府大学大学院紀要』一六，二〇一四年。

同『新解釈 関ヶ原合戦の真実』宮帯出版社，二〇一四年。

同「いわゆる小山評定についての諸問題」『別府大学大学院紀要』一九，二〇一七年。

高橋明「奥羽越の関ヶ原支戦」公益財団法人福島県文化振興財団編『直江兼続と関ヶ原』戎光祥出版，二〇一四年。

徳富蘇峰『近世日本国民史　徳川家康（一）』講談社学術文庫，一九八一年。

布谷陽子「関ヶ原合戦の再検討」『史叢』七三，二〇〇五年。

藤田恒春『豊臣秀次』吉川弘文館，二〇一五年。

堀越祐一「五大老・五奉行は，実際に機能していたのか」日本史史料研究会編『秀吉研究の最前線』洋泉社，二〇一五年。

本多隆成「小山評定の再検討」『織豊期研究』一四，二〇一二年。

同『徳川家康と関ヶ原の戦い』吉川弘文館，二〇一三年。

同「「小山評定」再論」『織豊期研究』一七，二〇一五年。

水野伍貴『秀吉死後の権力闘争と関ヶ原前夜』日本史史料研究

会，二〇一六年。

光成準治『関ヶ原前夜』NHK ブックス，二〇〇九年。

矢部健太郎『敗者の日本史 12　関ヶ原合戦と石田三成』吉川弘
　　文館，二〇一三年。

同『関白秀次の切腹』KADOKAWA，二〇一六年。

山本博文『島津義弘の賭け』中公文庫，二〇〇一年。

終　章

小澤実編『近代日本の偽史言説』勉誠出版，二〇一七年。

斉藤光政『偽書「東日流外三郡誌」事件』新人物文庫，二〇〇九年。

須藤眞志『ハル・ノートを書いた男』文春新書，一九九九年。

テレンス・ハインズ著，井山弘幸訳『ハインズ博士「超科学」
　　をきる』化学同人，一九九五年。

長山靖生『偽史冒険世界』ちくま文庫，二〇〇一年。

秦郁彦『陰謀史観』新潮新書，二〇一二年。

原田実『江戸しぐさの正体』星海社新書，二〇一四年。

藤原正彦『日本人の誇り』文春新書，二〇一一年。

后 记

　　从本书出版的时机来看，可能有人会想"《应仁之乱》销量很好，这家伙赶紧又出了一本书呢"。不过，我其实是和《应仁之乱》同时开始构思这本书的。与责任编辑岸山征宽开始定期碰头（实际不过是以此为名的茶会、酒会），是从2014年开始的。我先写的是《应仁之乱》，本打算在《应仁之乱》出版后就开始写这本书，没想到《应仁之乱》大受欢迎，结果各处都来采访我或邀请我演讲。事情渐渐多了起来，所以这本书的进度比预想得慢了很多，也因此让岸山征宽久等了。

　　那么我为什么先写了《应仁之乱》呢？那是因为之前出版的《一揆的原理》（洋泉社，后由筑摩学艺文库再版）和《日本中世战争史》（新潮选书）都是笔调轻快的普及类读物，让学界一些人感到不快。如果接着再来一本这样的书，肯定会让人觉得就是为了卖书才写的，于是我就想中间写上一本"正经书"。因为一己私念而将本书推后，我至今还觉得对不住岸山征宽。

　　我已经在前言中叙述过了写这本书的理由，这里再整理一遍。第一，对本能寺之变等充满阴谋的事件进行解密，就算是对历史没什么兴趣的人也能读得下去，作为历史教学的入门书非常有用。如同本书所示，即使是像阴谋这样扑朔迷离的事情，也能用历史学的实证手法来研究。本书中提到了几个我自己的假说，不过我完全没有我自己是对的，其他学者都不对的想法。在追求结论的过程中，我始终注意用历史学的研究方法来推理，不会为吸引人眼球而得出些毫无依据的结论。如果读者通过本书能对历史学的思维方式有更深的理解，我也就欣慰了。

第二，书店里充斥着以"解开历史阴谋的谜团"为噱头的粗制滥造的书。从学术的角度来看，这些书毫无价值。但是作为历史学者，我看到这些学术界根本不会正眼瞧一下的奇谈怪论竟也有一部分人支持，不免有一种危机感。各种历史类综艺节目，毫无责任感地介绍一些奇谈怪论，丝毫不加以验证，更助长了这股歪风。比如，有电视台曾一本正经地介绍过明智宪三郎"本能寺之变的幕后黑手是德川家康"说，而"暗杀坂本龙马的幕后黑手是萨摩藩"之类毫无根据的说法至今还能在电视上看到。我并不否认，在研究阴谋时，将事件的原委一五一十还原出来是非常困难的，假设各种可能的情况是常见的研究手段。但这并不是说，只要可能性不是零，那么什么脑筋急转弯式的怪说法都是可以的。我认为需要有人给大众媒体与出版社这种追求娱乐性，无视准确性的风潮泼泼冷水。

第三，随着互联网（尤其是社交网络）的普及，阴谋论在现代日本社会中的分量似乎比以往更重，对此我也想敲敲警钟。右翼动不动就叫嚣"这是反日势力的阴谋"，左翼也动不动就叫嚣"这是安倍政权的阴谋""这是日本会议（1997 年成立的保守团体）的阴谋"，这种企图用阴谋论来说明复杂的现代社会的认识论是非常危险的。但是，与近现代史的大事件相关的阴谋论，常常与当前的政治对立挂钩，人们很容易感情用事，难以冷静地讨论。既然这样，本书干脆就以与意识形态没有直接关系的中世的阴谋为题材。虽然是有些绕远路，但只要能够提高人们对阴谋论的免疫力，也就达到目的了。本书写的虽然是中世，但采用的分析方法同样可以用于分析近代史和现代社会。

此外，本书是以立教大学 2016 年全校通选课"历史学的邀请"的讲义为基础写成的。由于这门课并不是面向文科学生开设的，所以不少听课者没有足够的日本史基础，经常会有些突发奇想的问题和看法，使我左右为难。但其中也不乏那种没有被常识绑缚的自由联想，我因此受益匪浅。在此我要对当时听课的学生们说声谢谢。

吴座勇一
2018 年 2 月 10 日

出版后记

本书是日本新锐历史学者吴座勇一的一本通俗历史著作。作者大量引用史料和最新研究成果，通过翔实、缜密的分析，巧妙地还原了日本中世史上最重要、最精彩的几件大事（鹿谷阴谋、腰越状、本能寺之变、关原之战等），驳斥了一些流传甚广但讹误颇多的通说和新说。其中，作者着墨最多的是本能寺之变。这主要是因为，这起事件对日本历史的影响极为深远，但其背景扑朔迷离，事件主角明智光秀的动机成谜。由于揭示明智光秀为何发动政变的史料付之阙如，历史爱好者和历史学家只能通过蛛丝马迹加以推断，因此与本能寺之变相关的阴谋论盛行，丰臣秀吉、德川家康、前幕府将军足利义昭，乃至赴日传教的耶稣会士纷纷被指责为幕后黑手。而本书作者立足史料，一一分析了种种阴谋论的不足之处，然后结合日本史学界的最新研究成果，以历史学的方法提出了自己的假说。

中国读者对日本中世史可能比较陌生。本书提到的虽然都是日本人耳熟能详的重大事件，但对于不熟悉相关背景的中国读者来说，理解起来或许并不那么容易。不过，本书的重点并不在于还原史实，而在于培养读者的历史逻辑。作者从史料解读入手，以敏锐的思辨力批驳了一些似是而非的观点，以生动的案例向读者展示了历史学者如何思考问题。

　　本书之所以值得认真研读，主要是因为作者在书中批评的"阴谋论泛滥"的现象并非日本所独有，这种现象在人类社会普遍存在。我们经常可以看到，每当重大事件发生时，几乎总有人跳出来指责某些人、某些组织乃至某些国家是该事件的幕后黑手。而阴谋论之所以能够获得拥趸，一个原因在于它简单易懂。提出阴谋论的人并不会出示多少直接证据，反而会忽视绝大部分不必要的复杂细节，将结果和所谓的"幕后黑手"直接勾连，完全不顾证据和逻辑，也很少会考虑其他可能性。阴谋论流行的另一个原因在于，它反映了社会普遍存在的某些偏见。如本书第五章所述，"日野富子是恶女"这种没有多少依据的说法一直广为流传，一定程度上正是社会对女性的偏见所致。阴谋论流行的第三个原因在于，人们习惯于认为重大事件必定有一个能够与其相配的重要原因。本能寺之变会出现众多黑幕说，一方面是因为人们普遍认为织田信长的能力和重要性远远超过明智光秀，仅凭后者的力量根本不足以撼动前者。另一方面是因为，本能寺之变直接改变了日本历史的进程，织田家的霸业毁于一旦，丰臣秀吉、德川家康相继成为"天下人"，最终德川家康建立幕府，日本进入和平的江户时代。如果说这些仅仅是因为明智光秀的个人感情和，很多人恐怕是难以接受的。不过，偶然性在历史上发挥至关重要作用的例子其实并不罕见，这大概也是历史的魅力之一吧。

　　除了驳斥一些流传甚广但缺乏证据的阴谋论，以及向读者介绍一些历史学者的思考方式，本书的另一个目的在于，以历史的逻辑批评日本右翼近年来对第二次世界大战的修正主义看法。作者运用其在本书中反复强调的历史逻辑，有理有据地批驳了将第二次世界大战的爆发归咎于美国、苏联或者犹太人的种种奇谈怪论。这体现了一名历史学者的良知。总而言之，本书不仅有助于读者了解日本的历史，也能帮助读者培养正确的历史思维，是一部学术性、可读性兼备的优秀著作。

服务热线：133-6631-2326　188-1142-1266

服务信箱：reader@hinabook.com

后浪出版公司

2020 年 9 月

图书在版编目（CIP）数据

古代日本的战争与阴谋 /（日）吴座勇一著；姬晓鹏译 . —
广州：广东旅游出版社，2020.9（2022.12 重印）
ISBN 978-7-5570-2301-0

Ⅰ . ①古… Ⅱ . ①吴… ②姬… Ⅲ . ①战争史—日本—
古代 Ⅳ . ① E313.9

中国版本图书馆 CIP 数据核字 (2020) 第 151554 号

INBO NO NIHON CHUSEISHI
© Yuichi Goza 2018
First published in Japan in 2018 by KADOKAWA CORPORATION, Tokyo. Simplified
Chinese translation rights arranged with KADOKAWA CORPORATION, Tokyo through
BARDON-CHINESE MEDIA AGENCY.
Simplified Chinese edition copyright: 2020 Ginkgo (Beijing) Book Co., Ltd.
All rights reserved.

本书简体中文版权归属于银杏树下（北京）图书有限责任公司。
图字：19-2020-102 号

出 版 人：刘志松　　　　　　　选题策划：后浪出版公司
著　者：[日] 吴座勇一　　　　译　者：姬晓鹏
出版统筹：吴兴元　　　　　　　责任编辑：方银萍　蔡　筠
编辑统筹：张　鹏　林立扬　　　装帧设计：墨白空间
特约编辑：方　宇　顾明源　　　责任校对：李瑞苑
营销推广：ONEBOOK　　　　　　责任技编：冼志良

古代日本的战争与阴谋
GUDAI RIBEN DE ZHANZHENG YU YINMOU

广东旅游出版社出版发行
（广东省广州市荔湾区沙面北街 71 号首、二层）
邮编：510130
印刷：北京盛通印刷股份有限公司　　　　开本：889 毫米 × 1194 毫米　32 开
字数：196 千字　　　　　　　　　　　　印张：8.75
版次：2020 年 9 月第 1 版　　　　　　　定价：58.00 元
印次：2022 年 12 月第 3 次印刷